大夏书系 | 全国中小学班主任培训用书

班级管理60问（第二版）

郑学志 / 著

华东师范大学出版社
·上海·

图书在版编目（CIP）数据

班级管理60问/郑学志著. —2版.
—上海：华东师范大学出版社，2024
ISBN 978-7-5760-4899-5

I.①班… II.①郑… III.①中小学—班级—学校管理—问题解答
IV.① G632.421-44

中国国家版本馆 CIP 数据核字（2024）第 076965 号

大夏书系 | 全国中小学班主任培训用书

班级管理60问（第二版）

著　　者	郑学志
策划编辑	李永梅
责任编辑	万丽丽
责任校对	杨　坤
封面设计	淡晓库

出版发行	华东师范大学出版社
社　　址	上海市中山北路3663号 邮编 200062
网　　址	www.ecnupress.com.cn
电　　话	021-60821666　行政传真 021-62572105
客服电话	021-62865537
邮购电话	021-62869887
地　　址	上海市中山北路3663号华东师范大学校内先锋路口
网　　店	http://hdsdcbs.tmall.com/

印 刷 者	三河市龙林印务有限公司
开　　本	700×1000　16开
印　　张	16.5
字　　数	253千字
版　　次	2024年7月第二版
印　　次	2025年7月第二次
印　　数	6 101 - 7 100
书　　号	ISBN 978-7-5760-4899-5
定　　价	69.80元

出 版 人　　王　焰

（如发现本版图书有印订质量问题，请寄回本社市场部调换或电话 021-62865537 联系）

目 录

第一章 班级组织建设九问

① 班级管理要抓好哪些关键词 /002
② 如何构建班级的基层组织——小组 /006
③ 如何发挥好小组的管理组织作用 /010
④ 如何制定实用的班规 /014
⑤ 班规条款太生硬，学生不接受，怎么办 /019
⑥ 如何筹集、管理班费 /025
⑦ 学生对班级活动不热心怎么办 /029
⑧ 中途接班该从哪些方面入手 /034
⑨ 学生"铁板一块"怎么办 /038

第二章 干部队伍建设七问

① 如何构建优质高效的班干部队伍 /044
② 学生不想当班干部怎么办 /049

③ 如何用好干部任命制 /052

④ 新选拔的干部对工作茫然无措怎么办 /055

⑤ 干部工作不得力怎么办 /062

⑥ 干部要辞职怎么办 /066

⑦ 干部违纪甚至胡作非为怎么办 /071

第三章　班级日常管理十问

① 如何提高班级日常管理效益 /076

② 学生上课老想睡觉怎么办 /080

③ 如何妥善处理学生违纪问题 /084

④ 如何有效地落实惩罚措施 /088

⑤ 如何给学生打评语 /091

⑥ 学生上课老是迟到怎么办 /096

⑦ 自习课纪律乱怎么办 /100

⑧ 学生不愿意值日怎么办 /106

⑨ 学生迷恋网络怎么办 /110

⑩ 学生上课使用手机怎么办 /114

第四章　学生行为习惯四问

① 学生大错不犯、小错不断怎么办 /118

② 如何让学生养成爱劳动的好习惯 /122

③ 学生的服饰、发型不符合要求怎么办 /126

④ 学生想在校园里经商怎么办 /130

第五章　学业指导八问

① 学生缺乏上进心怎么办　/136

② 学生成绩老是上不去怎么办　/140

③ 学困生不想读书怎么办　/144

④ 学生不喜欢写作业怎么办　/148

⑤ 学生要辍学怎么办　/151

⑥ 如何杜绝学生考试作弊　/155

⑦ 毕业生心态浮躁怎么办　/158

⑧ 学生考前焦虑怎么办　/162

第六章　班级文化建设六问

① 从哪些方面入手建设班级文化　/168

② 班级文化建设要抓住哪些重点　/172

③ 班级没有凝聚力怎么办　/176

④ 如何构建书香班级　/180

⑤ 如何打造有特色的班级文化　/183

⑥ 如何召开高效的主题班会　/187

第七章　家校协同四问

① 家长不支持学校工作怎么办　/192

② 如何教育进城务工人员子女　/196

③ 如何给留守儿童创造更好的教育条件　/200

④ 如何降低父母离异对孩子的影响　/204

第八章　师生同事关系五问

① 师生之间产生矛盾、冲突怎么办　/210

② 学生不给老师面子，顶嘴冲撞，怎么办　/213

③ 学生给老师提意见怎么办　/217

④ 学生不愿与班主任谈心怎么办　/221

⑤ 任课老师在教学上不配合怎么办　/225

第九章　班级综合治理七问

① 班上出现哥们儿小团体怎么办　/230

② 班级失盗怎么办　/234

③ 如何应对校园突发事件　/238

④ 学生被敲诈勒索怎么办　/242

⑤ 学生离家（校）出走怎么办　/245

⑥ 学生发生了群体性冲突怎么办　/249

⑦ 孩子早恋该怎么办　/254

第一章

班级组织建设九问

1 班级管理要抓好哪些关键词

> 创建一个优秀、高效的班集体，尤其是能够实现学生高度自治、管理民主、自主发展的班集体，是广大班主任的梦想。那么在班集体建设上，我们究竟要抓住哪些关键词呢？
>
> ——安徽庐江　刘长庚

稳招：制度是班级建设的根本保障

制度是创建优秀班集体的根本保证，优秀班主任基本上都是制度化管理的典范，尤其是精细化制度管理落实的典范。

一套完整的班级管理制度，应至少包括竞赛机制、奖励机制、代谢机制、协调机制、引导机制和监控机制六部分。

1.竞赛机制。优秀班主任总会时时处处注意激发学生竞争的积极性。例如，魏书生让学习委员收书费，学习委员要一个一个收。魏书生说："我没有让你这样收，你可以用手表收啊！"学习委员很聪明，马上拿着手表说："同学们注意了，各小组组长请站在你们小组的左侧，下面我们要开展收书费比赛，各就各位，预备开始——"书费很快就收齐了。

2.奖励机制。人人都渴望得到表扬，只有竞争没有表扬，这样的机制是不完善的。建立一种完善的学生自我奖励机制，有利于充分调动学生的积极性，实现全员参与班级管理。要想做一名"会偷懒"的班主任，就要在奖励机制上下功夫。这样，还能够不时地让学生体会到进步的甜头，想让他不努力、不上进都难。

3.代谢机制。代谢机制也就是干部运行机制。任何一个班级，既需要一支能干的班干部队伍，又不能让部分人长期占据着这些位置。只有激发起全体学生建设班级的积极性，这个班级才有生命力。为此，我建立过常务班干部和值周班干部相结合的运行机制，既保证了班级管理有优秀学生参与，又能够确保全体学生参与管理，激发了学生的积极性。此外，我还推出了干部选举、培训、任用和引退机制。所有活动，班主任只作引导，学生自主管理，形成了一种良好的管理人员代谢机制。

4. 协调机制。一种运转良好的协调机制应该包括以下三个方面的内容：一是有师生交流、沟通的绿色通道，学生有什么问题可以直接和老师说；二是有学生自主处理班级矛盾的途径，如道德法庭、班级调解委员会等，学生能够通过此类通道来协调、处理内部问题；三是有一个制度化的固定处理模式，每个人都能够通过此模式维护自己的合法权益。

5. 引导机制。一个优秀的班集体，一定会在制度中明确什么事情可以做、什么事情应该做以及该如何做。班级制度具有引导功能，即通过制度提倡一种积极、健康、向上的生活态度。班规里处罚细则不宜太多，全是"不准""不许"，对孩子的教育意义不大。班规应该通过正面的提倡和奖励来表达对大家的期望。事实上，在教育行为中，正面的提倡、鼓励和适当的奖励往往会比单纯的处罚有效。

6. 监控机制。放权不等于不管，而是让大家来管。有一次我讲完课之后，很多老师提出问题：自主管理型班级中，班干部的权力太大，怎么办？他们要挟老师，怎么办？他们以权谋私，怎么办？这些问题的核心是缺乏合适的监控机制。把公权置于全民监督之下，民主、公开和公平，才能够防止少数特权人员损害班集体的利益，才能够让班集体具备自我纠错能力。

妙招：抓好班级活动，凝聚力就强

一个平时看起来很松散的班级，一搞班级活动，学生的集体荣誉感马上就被调动起来了，班级凝聚力也马上增强了。活动是班级建设的最好载体，我们就是通过策划、组织和开展活动，来凝聚人心、创建优秀班集体的。

在对"活动"的理解上，老师们的思路要广一些，不要认为活动就只有唱歌、跳舞、运动会，这只是狭义的活动。这里所讲的活动，是泛指班主任为创建优秀班集体而采取的所有计划、步骤、措施和内容，它们既包括我们平常所说的娱乐休闲性活动（如晚会和郊游等），也包括带有明确工作目的的一些事务性活动（如谈心、讲座、读书比赛和寝室文化建设等）。

活动不仅能够让班主任自己感到有为，还能够让参与活动的每一个孩子都感到自己在班上有地位、有用处，让他们对集体产生依恋感，这是他们集体主义大厦建成的精神水泥！

有这样一个班级，班上的学风很差，学生基本不读书。我把他们组织起来，开展了一次题为"挑战记忆极限"的活动。我对他们说，我并不认为考上大学的学生就是优秀的，因此我不会逼迫他们读书，但是我想做一个实验，看看一个人在接触全新知识时的记忆极限。然后，我很诚恳地请他们参与这个实验，并就背诵英语单词制定了一个游戏升级表格，每背诵20个单词升级一次，最高级别是"法老"，单词量达到4000个。因为是实验，而且还有游戏升级，学生参与的积极性很高。不出半年，这个班的英语成绩大幅度提高，而且学风明显好转。

在一些学生难以克服惰性的时候，我就用高原期的道理来鼓励他们。我告诉他们，克服学习心理高原期的学生，都是特别坚韧、特能做事情的人，这样的人无论以后是做生意还是读书、做学问，都是值得敬畏的人，因为他们能够不断地追求卓越。这样一鼓动，学生学习的劲头一天比一天足。最后，一个全校最差的班级，其高考成绩居然在平行班中排名第一。

我每到一所学校，每接一个新生班级，总是想办法组织学生参加学校的各种活动。有时候即使学校不组织活动，我也想办法在自己班上开展各种活动。每组织一次大型活动，班级凝聚力都会得到加强。

绝招：打造班级良好的文化氛围

有班主任这样说："我们班的学生怎么一个个都那么冷漠，对集体毫无热情呢？"我反问他们："你班上有一种让学生共同参与的班级文化吗？"他们很茫然，摇头。这就是问题的关键。文化是班级建设的灵魂，在一个没有灵魂的班级里，学生怎么可能有强烈的归属感呢？

班主任要学会用文化来建设班集体。完整的班级文化至少应包括以下三个组成部分：一是以教学教育环境为主要内容的班级物质文化，如教室、寝室的布置等，这是其他文化得以发展的基础。二是以班级组织、构架与规章制度为内容的班级制度文化，覆盖行为规范和同伴交往，它既是文化活动的准则，又是文化的组成部分。三是以班风、学风、活动和精神追求为主要内容的精神文化，这是班级文化和班级建设的核心和灵魂，是决定班级文化品位高低的关键，集中体现了全体成员的群体意识、舆论风气、价值取向、审美观念和精神风貌。

利用班级文化教育学生，实际上就相当于给学生创造了一个拥有良好的外部教育环境、完善的内在制度环境和崇高精神追求的"教育电磁场"，让每一个身处其中的学生受到潜移默化的影响。巧妙地运用班级文化建设，我们的班级管理就能够上一个新台阶。

在班级文化建设中，最重要的是学会提炼班级精神。班级精神是班级文化价值观念的核心体现，它往往可以凝结成一句深入人心的话。我先后在班上推行过"让别人因为我的存在而幸福""我和别人不一样""做最好的自己"等班级精神，也和孩子们一起探索出了"用进取书写成长，用辉煌记录青春""细节决定成败，过程决定结果""没有最好，只有更好"等班级精神。这些班级精神，通过我们反复地渲染、操作，最后变成了整个班级的学习和生活习惯。孩子们的一些缺点，往往能够在班级精神的影响下自我消除，免去了我很多麻烦。

班级是有生命的，也是有灵性的，要想创建一个优秀的班集体，就要让你的班级拥有一种崇高的班级精神。

2 如何构建班级的基层组织——小组

> 基础不牢,地动山摇。小组是班级的基层管理组织,可是,在班级基层管理组织的构成、作用发挥上,我们却很茫然。请问,如何构建一个高效、优质的班级小组呢?
>
> ——贵州凯里 丁磊落

稳招:优先抓好小组的内部构架

基础不牢,地动山摇。班级的基层组织是什么呢?小组。如果每一个小组建好了,整个班级不好才怪呢。做好班级小组建设,最稳妥、最基本的是抓好您的组织构架。

1.设置您的小组形式。有人从山东杜郎口中学"取经"归来,以为把学生座位改变,大家面对面坐着就是学习型小组了。结果老师在台上侃侃而谈,斜坐的学生别着身子、扭着脖子听课,个个姿势别扭,样子难受。这是典型的光顾了"坐法"忘了"做法"!其实,学习型小组建设,不在于怎么坐,而在于"您想要的是什么"。便于讨论,相对、相向、圆桌型小组建设都是不错的选择;便于沟通,同桌、邻近两三排形成基础型小组,也行;方便排座位,走动方便,两人型同桌、四人组是很标准的配置;要提升成绩,按照好、中、差三个层级的学生编排,初一、初二到高一、高二都挺好的,但是毕业班则适合同层级的编组,抓成绩更方便……

2.注意人数的极限值。管理学上有一个规律——一个人能够卓有成效管理的人数,一般是三到六人,最大极限是八人,即同一层级里,超过八人,管理是不到位的。这个规律告诉我们,小组数量和组内人数,"八"是极限了。班级超大怎么办？班级内设 A、B 班，平行竞争，效果很好。

3. 扁平化结构会更好。小组是班级最基层的管理机构，内部最好别有管理层级，那样会造成新的不平等和资源流通的障碍，即小组内部是扁平化的，人人都可以直接和成员沟通。

4. 务必设置好个人职责。激励每一个人的，管住每一个人的，不是纪律，而是每个人与生俱来的责任感和荣誉感。让小组成员在组内都有一个闪光的位置，都有他能够发挥作用的职责，是每个学生愿意在组内发光、让每个小组都充满活力的最好办法。这里我推荐学习型六人小组分工：

A. 组织员：小组学习活动的发起者和细分者，项目总负责人，负责小组命名和成员分工，组织本组项目讨论分工。

B. 记录员：和梳理员一起，在梳理员的帮助下，负责记录、整理小组的学习成果。

C. 梳理员：负责梳理组内活动的条理，发现问题和提出问题，协助记录员做好常规记录。

D. 展示员：负责收集整理本组的各项成果，代表本组成员在班级会议上阐述本组优秀做法，并在分享式学习中负责对外展示。

E. 计时员：和组织员一起，在组织员的指导下，负责控制每项活动每个人的活动时长、提醒每个人发言不要超时、提醒每个人在每个阶段自己的时间节点，引领整个小组各项任务的分工和落实时效。

F. 质疑员：负责对本组研讨没有考虑到的地方提出问题，弥补小组成员思考的不足；负责对其他小组分享的内容提出本组成员的质疑，并梳理出质疑内容和记录质疑要点。

当然，具体名称大家可以取得更响亮一些，这样学生更高兴。每个人各司其职，各尽其能，小组管理就活了。

妙招：构建有利于竞赛的小组

小组的构成，我建议遵循组内异质、组间同质的原则。

我们班的星座社区小组就是遵循这样的原则安排的。我提倡学生自由组合成小组，具体谁和谁在一组，我不管。我只提几个基本要求：第一，我们班各种学习、体育、文艺、社交人才，不能够集中在一个小组，尽量平均分配到每个小组去。第二，必须确保组内成员的男女比例合理，不能严重失调，更不能所有的男孩子在一组、所有的女孩子在一组，大致按照1∶1的比例自由组合。如果性别比严重失调，班级很多活动就不好安排。比如爬山，全部是女孩子的一组通常会落后；比如唱歌，全部是男孩子的一组容易唱不好。

学生根据这些要求自由组合成小组，然后在小组内自由选择座位。这样，组内每个成员之间有一定的差异性和互补性，但是各个组之间各方面的情况又基本相同。这就是组内异质、组间同质。

这样做有什么好处呢？最大的好处就是每个组在男女比例、兴趣特长、成绩层次搭配等方面都差不多，无论是开展课外活动还是进行小组间学科成绩比赛，都能够很容易地激发起不同小组之间的强烈竞争。

比如说前几年我在班上开展写作比赛活动，每天在班级博客里和教室后边的黑板上公布各小组每天所发的文章数量和精华帖的数量，优秀的小组可以享受奖励，落后的小组就要贴黄牌甚至是红牌警告。由于各小组的实力都差不多，流动红旗在不同小组之间换来换去。其中，第三小组连续四次都没有拿到流动红旗，于是他们利用星期天的休息时间在学校里集中"补课"，补了14篇精彩作文出来。结果，那一周流动红旗就插在了他们组的第一张桌子上。

有老师问我："郑老师，为什么你班上的学生那么积极？"我说："如果你也注意到你们班级内小组的构成，你班上的学生也会积极的。"

绝招：任务驱动转变组内的"吃瓜群众"

无所事事，注意力涣散，根本不动，老师们把这些学生叫作课堂上的"吃瓜群众"。这样的学生一多，课堂氛围就全被破坏了。怎么办？

用小组内富有激励性的角色分工，精准的时间考核，明确的任务分配，去激发他们的责任感，让他们在课堂上有自己能做的事情。

每个小组上课前可以按照下表分工：

角色	适合人群	课堂任务	时间节点	考核标准
精准复读师	潜能生	请精准复述别人的观点和做法。	别人分享后	要点清晰、语言准确。
优秀赞美师	潜能生	请指出他们值得赞美的地方。	小组展示后	赞美有根有据。
完美找茬人	中坚生	请找出他们还存在哪些问题。	同伴发言后	真的问题，而非假的。
神奇补充者	中坚生	请补充您的做法和观点。	别人答问后	补充和完善别人的不足。
杰出点评师	领头雁	请按照打分表给发言者打分。	全组展示后	分数精准，评价到位。
卓越总结者	领头雁	请您总结刚才几位同学的分析。	同伴发言后	总结全面，要点清晰。

为什么要把角色名称添上那么积极阳光的修饰语？因为孩子们渴望自己变得优秀，没有哪一个孩子愿意生活在尘埃里，越是光辉灿烂的名称，对他们吸引力越大。

我们每次上课，在小组讨论、在课堂答疑、在学生提问的时候，都可以让小组内的同学，每个人承担一个角色，然后使用下面这样一个语言模板，给每位同学明确任务：

一会儿（"两分钟""别人分享之后""全组展示完毕"等表示时间节点的词语）请……（不同角色的同学）复述（职责关键词如"找茬、补充、点评、总结、赞美"等动词）……

因责任而伟大，因任务而努力，小组管理本质上说也是管理，那么我们就要形成管理的闭环。有精准的任务分工、明确的时间考核节点、及时的考核，我们就形成了管理上的闭环。如果您的课堂上学生注意力不集中，上课走神，您可在小组建设中尝试一下这些做法。

3 如何发挥好小组的管理组织作用

> 小组是班级的基层管理组织，但是我们常见的小组，仅仅是老师们收作业、发通知、检查学习情况时的一个基本单位，小组之上还有大组，其管理功能未得到有效发挥。请问，如何发挥好小组的管理组织作用呢？
>
> ——湖南浏阳　李昌金

稳招："三位一体"盘活基层组织

班级管理上的事情很多，既有日常管理，又有学科学习，还有课堂上的合作型学习小组建设。一想到这么多事情，不少老师就晕了：天呀，这怎么办？怎么应对啊？

要解决这类问题也不复杂，我们完全可以把资源统筹到一个小组内解决。比如，我们可以把自己要做的事情理清楚，再把它们分别对应到"组织构架"上的不同人员身上去。

我们要做什么事？三类。一是日常管理，二是学科学习，三是课堂研讨，它们分别对应着一套班子。这三套班子都在一个小组内，有没有这种可能呢？我们自主教育团队探索了"三位一体"的小组建设机制，团队推广，在小初高三个学段内，均取得了成功。

以六人组为例，人员分工具体是这样做的：

类别	学生1	学生2	学生3	学生4	学生5	学生6
日常管理	纪检专员	卫生专员	体育专员	文宣专员	学习专员	专职组长
学科学习	数学组长	生化组长	语地组长	政史组长	综合组长	英信组长
课堂研讨	组织员	记录员	梳理员	展示员	质疑员	计时员

这个表格内容的特征就是同一个学生,在面对班级不同管理需要的时候,每个人都身兼三个角色,承担三项任务。一旦任务来临,他们各司其职、各尽其力就行。

为了充分发挥每位同学的力量,每个角色都是自选的,我们只是把角色拿出来,然后要求每个人必须在同一个领域内(日常管理、学科学习、课堂研讨三个领域)分领一个职责,一个学期更换一次。这有什么好处呢?好处就是不管面对多么复杂的事情,均能够一一落实到人,不会三个和尚没水喝。

可能有老师问,管理上的事情容易,问题是学习上的事情难办。学科学习,每个人都在自己的优势学科上选择做一个组长,作为小组内学科学习的带头人,如果学生在该学科确实优秀,我们不担心。很多老师担心的是,如果我们班数学成绩最差的那个孩子,就是表中的学生1,他没有选择余地,只能选择当数学组长,他还能够引导本组的数学学习吗?

这个问题很现实,他能够引导吗?答案是肯定的,他能。但是他个人不能,组织构架内的事情,必须借助组织构架来解决。怎么解决?我们可以让全班所有的"数学组长"组成一个学习共同体,叫"数学教研团",班里担任数学组长的数学成绩最差的那个孩子,跟团学习和研讨就行了。他自己没有水平,但是全班数学教研团行啊!数学教研团还不行,可以把数学尖子生组织起来,成为班级数学高级顾问团。然后由这些行的教会不行的。每个数学学科组长只要把班级数学教研团的成果带回去,照本宣科就行了。

我们把这个做法叫作"一个学科组长背后,有一个专职的学科团队"。每个学科都这样做,没有解决不了的学科学习问题。还是那句话:遇到问题不可怕,只要我们在组织构架中解决就行了。记住,团队的力量可以弥补个人的不足。

妙招:小组轮检解决组内包庇问题

小组远行时间长一点,一些弊端就出来了。比如说,期中检测之后,有些学生成绩不理想,每天过关都很及时,最后结果却很意外。到底是哪个环节出了问题呢?

把孩子们叫过来一问,原来是监督管理环节出了问题。我们的学科学习,每天的过关都是在组内完成的。刚开始的时候,大家还很自觉,也很认真负责,知识过关那是一丝不苟。可是,随着时间推移,组内成员互相熟悉、有感情了,"放水"、送人情、帮忙掩饰的现象就出现了。想想也是,都是孩子,您给我一个人情,我给您一个人情,即使要组内算分,大家互相平均,一团和气,怎么不好呢?

孩子们不懂事,不知道负责其实是对他们真正的好。等到考试成绩出来了,成绩下降的后果已经造成了。这个时候彼此埋怨、后悔有什么意义呢?怎样把问题消灭在早期,或者萌芽状态呢?

把权力关进监督的笼子。这世界上,权力一旦不被监督和约束,就会造成放纵与伤害。班级管理也是一样的,因此,我们要在机制上把这种监督做起来。一个比较好的做法是小组之间轮流检查。具体做法是采用一组检查二组、二组检查三组、三组检查四组……以此类推,最后一个组检查第一组的办法进行,具体检查结果纳入小组绩效排名。这样,由于每个检查的小组不直接和检查者存在利益关系,只要一个小组坚持原则,互相隐瞒、彼此"放水"的现象就没有了。

这个做法很简单,具体操作的时候,又有学生提问:老师,每个组有六个同学,时间太紧张,我们检查不过来,怎么办?很简单,每个学科组长可以邀请自己组内另外一名学生做助手,两个人一起来负责所检查小组的该学科学习就行了。

记住,是一门学科一位学科组长加助手,专人负责专门学科,这一点必须明确。不能够同一学生既负责语文、数学、英语,又负责物理、化学、地理。确实存在这样能干的同学,但是太少了;即使能,也会累死他。所以,专人专管必须成为一个基本原则,因为责任只有具体落实到操作层面,才具有实际使用意义。

通过这样一个轮检方法,舞弊、送人情、"放水"现象立即得到遏制。

绝招：小组晋级榜激发每个孩子的积极性

小组建立之后，怎样才能够更好地成长和发展呢？晋级打榜是一个很不错的办法。

学生们天生喜欢比赛，看着自己的团队优秀，团队里的每个孩子都会觉得扬眉吐气。晋级打榜就给了他们这种机会。只是小组晋级打榜，作为班主任的我们要想好下面几件事情。

1. 确定考核的目标和内容。这是最核心的，无论什么时候都不能够忘记为什么出发。建立晋级打榜机制，我们首先要想到的是考核什么。一般，我们需要考核的内容有学习、卫生、出勤、文化、作风，这是管理的主要方面，在晋级打榜里就要设定相应分数值。有了分数，学生们才会去争。同时，我们要始终明白，晋级打榜是为了团队进步，因此，必须坚守一个底线——成员共同进步才能够加分，必须体现团队作用才能够加分，不能够因为一个人而拔高了一个小组的分数，那样会造成尖子生到处被人抢的局面。"不是让一个人优秀，而是要让一群人优秀"，这是我们的目标。

2. 晋级机制由学生决定。注意关键词，是学生决定，而不是学生自定。这里面有讲究，如果什么基础工作都没有做，单纯一句话说让孩子放手，他们就会茫然，不知道做什么。基础性的准备，适当的资料参考是有必要的。最后怎么取舍，这个权力要交给学生们，他们会觉得自己很重要。

3. 升级要有趣味性。这些年，我们采用过"从幼儿园学生到博导""从童生、秀才、举人、进士、榜眼到状元""从青铜、白银、黄金、铂金、钻石、星耀到最强王者、荣耀王者""从一星下士到九星上将"等多种升级机制，涉及学历、功名、游戏、军队星级评价等领域，学生们玩得不亦乐乎。

4. 注重成长的仪式感。晋级打榜如果没有仪式，成功感就没有那么强。孩子们喜欢晋级，最重要的一个原因，就是让别人看见自己的成功。因此，我们要注重在晋级的每个阶段，给孩子们以仪式感的祝贺：等级加星、颁发证书、荣耀命名、全班行瞩目礼、向家长报喜、共同合影、获取最高授权……一个台阶一项有仪式感的活动，"今天我们又处于成长的哪一个阶梯？"晋级打榜活动把我们小组成长动力激发得淋漓尽致。

4 如何制定实用的班规

> 大家都说以法治班是最好的,可是我们一直缺乏一种比较好的参考模式,不知道如何制定高效、实用的班规。请问在这方面有哪些宝贵经验可供借鉴呢?
>
> ——江苏淮安　王洪波

稳招:制定班规要想好四个问题

制定班规要想好四个问题:一是班规有没有必要制定,二是班规由什么人制定,三是什么时候制定,四是制定之后如何执行。

对于班规有没有必要制定,开学初的几次班会上,我早已和同学们取得了一致性的意见。我只问他们两个问题:"你们想成为优秀班级里的学生吗?你们想不想我们的班级成为一个优秀的班集体?"如果学生说想,那么就有必要制定班规,这是实现我们目标的理想途径。这一点一定要讲透,如果不讲透,就难以达到预期的效果。

有些班里的班规很详细、很具体,可是执行不下去,为什么呢?因为他们的班规只代表老师个人的意见和想法,孩子们并不接受。好班规必须由学生自己去制定。让学生自己制定班规有两个好处:一是班主任可以清楚地知道学生们心里想的是什么;二是班主任可以根据他们起草的班规,挑选民主治班的首选班干部。谁的班规草案好,谁就是首届班委会最适当的人选——这是我多年来做班主任的切身体会,屡试不爽。

第三个问题是什么时候制定班规。大家讨论的结果是:在班委会正式选举之前,要把班规制定好,然后我们再依法选举班委会的干部。"不然,到时候有些班干部临时更改班规，就不好执行了。"一些同学说。我也表示赞同，肯定他们凡事先想好的想法。

除此之外，在班规可行性的问题上，我有以下三点意见。

首先，班规要有广泛性，也就是班规不仅要代表绝大多数同学的意见，还要穷尽今后可能发生的任何违纪现象。"比如我们班规里没有规定同学们不可以躺在寝室里读书，那么有人天天在寝室里睡着不起来，我也没有办法批评他。为什么？他没有违反我们的班规啊，我没有批评他的依据啊！"学生们哈哈大笑。"所以，班规要尽可能地广泛，尽量减少漏洞。"

其次，班规要有操作性。班规的条文应该是对行为的约束，而不是对思想道德的提倡。"过去我看到有些同学的班规是这样制定的：'爱祖国，爱人民'……请问，你怎样知道别人爱不爱祖国、爱不爱人民？像这样的规定就无法监督，不具有可行性。又如'勤奋学习'，这也不是可以监督的；如果写成'按时上课，按时完成作业'，就具备可行性了。此外，班规的可行性还体现在它所作出的规定要有一定的弹性，不能太绝对。总有一些特殊的原因，如生病、忘记带、发生意外等，使得我们有些同学不能够按时交作业。那么我们可以这样规定：'每学期缺作业或者不按时交作业的次数不能够超过两次'。当然次数可以根据大家的承受力来定，但是必须写明'缺交作业必须向老师作出说明'，这样是不是更符合实际呢？"

最后，班规要有制约性。班规对每一个人都是平等的，甚至包括班主任。我要让学生明白：只有集体的智慧和意志，以及体现这些智慧和意志的班规，才是我们班逐步成为一个优秀班集体的保证！在这种制度下，班主任也将和同学们一样受到班规的约束。

结果，这样的班规出台之后，很受学生们的欢迎。为了确保班规长期有效，我们还专门成立了一个班级"立法委员会"，长期开展工作。凡是班规中没有明确的地方，由他们负责搜集整理，并提交全班同学讨论，然后公布执行——我们把这叫作"司法解释"。

妙招：设置"寻找班规漏洞奖"

制度有一个弊端——一般都是基于以前的经验，难以预测后面的情况。无论当下多么完善的制度，今后总会不断遇到规则中没有明确的新问题。除了接受现实之外，还有什么好办法吗？

我们的做法有两个。

第一个做法是设置专门的班规完善部门。在我的班，这个部门叫"立法委员会"，属于班级常设机构，它的职责就是遇到新问题，组织同学们研讨出台新的规则，定期补充到班规里去。或者，当执行班规有争议的时候，他们负责作出"司法解释"。这是班规制定的专门部门，选用思维周密、富有担当、有强烈正义感和责任感的同学担任委员。如果班级运转一年之后，退下来的优秀班干部也是这个部门的首选人员。

这个办法不错，但是，毕竟只是专门部门，人员有限，不足以全面、及时发现新问题。怎么及时、全面地发现新问题呢？

第二个做法是在班级设置"寻找班规漏洞奖"，发动全班同学一起寻找班规新的完善空间。这个奖励的内容一般侧重于非物质层面的奖励，如"选择自己喜欢的座位体验一天""当一天班长""当一次早读领读员""体验一次当班主任"等，侧重于让学生们体验想要体验的角色。还可以用同学的名字命名该项班规的名称，如"刘洋听课规则""赵鹏地面保洁法则"等，学生们也很高兴。当然也会有相应的物质奖励，并颁发相应的证书。奖励的目的，是鼓励同学们积极参与到班规建设中来。

都说群众的眼睛是雪亮的，设置"寻找班规漏洞奖"，还可以发动更多的同学参与到规则建设中来，这样就可以尽最大限度完善我们的班规。在寻找班规漏洞的时候，我们坚持一个基本原则——发现问题的同时带来解决方案。也就是说，学生不仅仅要发现班规中没有明确规定的事项及问题，还要把解决办法一并提出来，这样才能够进一步完善班规。

寻找班规漏洞活动分自主型寻找（也就是平时生活学习中寻找）和定期寻找（如开学初、半期前、期末前）。定期寻找一般时间为一周，全班都投入进来，围绕班规进行专项查找活动。"这个问题是我发现的！""恭喜……获得班规完善之星奖！"这样的语言让孩子们特别高兴。不仅仅遵守制度，还把自己当成制度的建设者，学生们对班规的执行情感就完全不一样，效果也会截然不同。

绝招："五个好"让您的班规制定更轻松

这是我制定班规的五个基本做法，一直以来都得到了学生和家长们的认可。

一是给制度一个好理念。"良好的纪律是一种美德示范""好的制度应该是一份美德说明书""让好制度成为师生共同的价值信仰""好制度是我们的行动指南"，这四句话是我制定班规的价值标准。基于这个理念，我们班的课堂上发言法则是："人人有权，站着发言；一次说完，女生优先；后排先说，支持或反对要带条件。"本来是"支持或反对要有理由说明"，孩子们为了押韵，变成"支持或反对要带条件"。这个规则诠释的就是行为说明书。

二是给制度一个好名称。我们班班规不叫"班规"，规则具有约束性，孩子们不喜欢。我们班叫过一日常规、家庭公约、我们约定、做人要则、修身法则、淑女风范、绅士养成、雅舍金言、魅力宝典、男神秘籍、女神修炼……这些都是孩子们喜欢的名称，可拉近孩子们和规则的距离，增强认同感。大家制定班规时可以参考。

三是给制度一个好理由。就是每制定一个班规，都要有支持理由。如"桌面卫生"："桌面上只摆放您当时要写的作业或要看的书，课桌里的东西必须分类整理，不能随意散放在桌面上。"（理由：①清爽、整洁的环境有利于精神的放松；②学会分门别类地整理自己的东西对今后的工作有很大的帮助。）给制度一个充足的理由，学生就能够把遵守制度当成自己成长的内在需要。

四是给制度一个好"厂家"。民主诞生的班规更容易被认同，我的班规产生的六个基本程序：

"a.班级愿景描绘；b.存在问题梳理；c.解决办法征集；d.基本方案集

中；e.班规条文审议；f.班级规则学习。"审议之后要学习，这是不少老师容易忽略的地方。

五是给制度一个好表达。也就是尽量用正面语言叙述制度的具体条文。正面语言的特征——肯定叙述，如"您可以、您能、您能够、提倡、应该、要、奖励、加分"等。为什么要用正面语言叙述制度的具体条文？因为仅仅是用"禁止""不能""不准""不许"等否定词语规定什么不可以做，并不能解决问题，相反还会束缚孩子们的创造力，束缚他们的自由，把他们培养成谨小慎微、胆小怕事的人。孩子们需要的是我们告诉他们"您能""您可以""我们允许"……他们的主动性、创造性才能够被激发出来，他们才能够更有建设性地解决问题——孩子的自信是建立在他有把握有能力应对的基础上的。因此，我们要更多给制度以肯定的叙述，用正面语言认可孩子们的权利。

5 班规条款太生硬，学生不接受，怎么办

> 我很想用班规来治理班级，可是我在实际操作中发现，规则、制度给人的感觉总是生硬冰冷的，学生对此有一种天然的抵触情绪，很多措施最后无法执行下去。班规条款太生硬，学生不接受，怎么办？
>
> ——山东菏泽　赵小雄

稳招：让班规变得亲切起来

第一，在班规产生之前，要发挥学生的积极性，大家集体参与酝酿和思考，这样才有群众基础。

第二，班规表达的内容，一定要适可而止，不要求全责备。太高的要求只会打击学生执行的积极性。

第三，尽量少用"不准""不许""不能"，多用"提倡""希望""要求"等词语，这样学生的感觉就会好很多。

第四，班规不能只体现惩罚性的要求，还要体现出教育的鼓励性。

第五，学会并尽量在班规中多使用孩子们的语言。

妙招：细节体现魅力

罗恩·克拉克（Ron Clark）是美国北卡罗来纳州人，自1995年起执教，2001年赢得了年度迪斯尼美国优秀教师奖。他根据自己多年的教学经验总结出了55个细节，涵盖了生活、学习的方方面面。

细节1：回答大人的问话要有礼貌。如果只是点头或用其他方式表达"是"或"不是"，那是不可取的。

细节2：用眼睛和他人沟通。别人对你说话时（和你对别人说话时），要注视着对方的眼睛，身体和脸要正对着他。

细节3：向表现出色的人表示祝贺。鼓掌至少持续3秒钟，两个手掌充分接触，以便掌声足够响。

细节4：尊重其他同学的评论、观点和想法。要尽可能这样说："我同意约翰的观点，同时我也感到……""我不同意沙拉的看法，尽管她抓住了问题的核心，但我觉得……""我认为维可多的观察真是太精彩了，它让我意识到……"

细节5：无论成功还是失败，都不能挂在脸上。若表现出不愉快的情绪或挖苦别人，比如说"你打得实在不怎么样，我根本就没好好和你比"，这样的话只能显示出你的虚弱。

细节6：与人交谈时，别人问你一个问题，你一定也要回问对方。

细节7：打喷嚏或咳嗽时要用手捂住嘴巴，然后说"对不起"。咳嗽、打喷嚏或打嗝时，应当转过头去，并用整只手捂住嘴巴（只用半只手可不行）。

细节8：不要做出无礼的表现，尤其不要撇嘴、翻白眼。

细节9：接到别人递的东西，要说"谢谢"。如果你在接东西的3秒钟内没说，那我就把东西拿回来。既然你不尊重我，我也没必要对你客气。

细节10：收到你不喜欢的礼物后，不要对礼物本身或送礼人表示不满。接受别人的礼物时，永远不要对这件礼物说三道四或暗示你不喜欢，以至于让送你礼物的人难堪。

细节11：顺手做些善意的举动，给别人以特别的惊喜。每月至少一次，创造性地做一件令人惊喜、善意而又慷慨的事。

细节12：给你的同学判卷要公正。如果比实际分数高了或低了，高出或低出的分数将从你本人的试卷中扣除。

细节13：全班同学一起朗读的时候，要全神贯注。如果某个学生眼睛盯着那一页，却不知道我们刚才读到哪里了，那么这个学生的名字就会被记在黑板上。

细节 14：书面回答问题时，句子要完整。第一，复述问题并给出答案；第二，给出主要理由；第三，展开说明理由；第四，以重复问题并给出答案结束。

细节 15：不能主动索要奖品。要让大家知道，尽力做好每件事不是为了奖品，而是为了他们自己。

细节 16：每天都要完成全部的家庭作业。在教室外贴一条巨大的横幅，上面写着："全班所有同学连续 × 天完成全部的家庭作业"。当孩子们连续完成全部的家庭作业超过 10 天时，给孩子们做好吃的小点心。

细节 17：上课时，从一种科目换到另一种科目，换学习用具等各种动作要迅速、安静和有秩序。训练学生们像玩游戏、比赛一样换书、换本，还帮老师安投影机（接电源、关窗户、拉窗帘、关灯）。

细节 18：尽可能地有条理。最好是列出明细清单，在物品上面贴上标签。

细节 19：对布置的家庭作业不抱怨或发牢骚。如果谁违反了，他就必须做两倍的作业。

细节 20：别的老师来代课，班里的所有纪律照常发挥作用。这是为了培养孩子"无论有没有老板在身边，他们工作都是为了自己"，也就是培养自觉性。

细节 21：遵守课堂纪律。

细节 22：上课时不能为了喝水离开教室，你可以带水在教室里喝。

细节 23：要迅速记住全校老师的名字，并在遇到的时候打招呼。努力做到善意、有礼貌地对待别人。

细节 24：保持个人和浴室卫生，让细菌无处藏身。必须冲厕所，如果按钮很脏就用手纸垫着。

细节 25：对来访者要表示欢迎，要让他们感受到你的真诚。

细节 26：在餐厅就餐时，不要让身边的座位空着。如果有人想坐你身边的空位子，就让他坐，不要刻意去排斥什么人。

细节 27：不盯着正在受批评的同学看。

细节 28：家庭作业有任何问题时，打电话给老师。如果老师不在，要留言。

细节29：吃饭时保持良好的礼仪，要像小绅士一样。

细节30：餐后要对你的垃圾负责。看到别人乱丢的垃圾也要捡起来，经常奖励捡垃圾的孩子，也经常监督不捡垃圾的孩子。

细节31：接受别人的服务要感谢。

细节32：坐公共汽车时，脸要朝着前方。

细节33：首次和他人见面时，要与对方握手，并重复他们的名字。

细节34：吃饭的时候，只取你应得的那一份。

细节35：有人掉了东西，如果你离得近，要帮助他捡起来。

细节36：进出时，为别人扶住门。

细节37：如果有人碰到你，不管是不是你的错，你也应该说"对不起"。

细节38：外出活动，进入公共场所时，要保持安静。

细节39：外出活动，要对你正在参观的场所加以欣赏。

细节40：全校师生开会期间不要说话，也不得和你的朋友打招呼。

细节41：在家里接电话时，必须做到礼貌得体。真的像书中要求的那样打电话，任何一个大人看了都会很惊讶，太有教养了！

细节42：外出旅行返回时，要和每一个旅伴握手并致谢。"我不在意你是否感谢我，我关心的是你要学会在别人给你提供额外帮助的时候，能恰当地表示感谢。"

细节43：在自动扶梯上，要站在右侧，从左侧走动。

细节44：站着排队时，要将两臂放在身体两侧，移动时要安静。大家在同一刻步调一致地行动，会令人产生一种感觉，那就是"酷"。

细节45：必须学会心平气和地解决问题。排队时永远不能加塞儿。"如果有人插到了你前面，一个字也不要说，告诉老师一声。如果你非要和加塞儿的人理论，你也一样会有麻烦的。"同学之间解决任何纠纷，都应该在自己着手处理之前，带着问题来找老师。

细节46：在电影院里看电影期间，不得说话，学会尊重别人。

细节47：不能把玩具带进学校。

细节48：如果有谁欺负你，请告诉老师。

细节 49：坚持你的信念。对自己及所做的事情要有足够的信心，有勇气为自己的信念、主张和梦想而努力。

细节 50：用正面、积极和欣赏的态度生活。

细节 51：既然想做一件事，就只管去做。凡事想好了就勇往直前地去做，全力以赴，这样到什么时候都不会后悔。

细节 52：从错误中吸取教训，然后继续前行。

细节 53：不管情况怎样，永远保持诚实。

细节 54：把握现在。人啊，最难战胜的就是自己。珍惜时间吧，做该做的事，做该做而不愿意做的事。

细节 55：尽你所能成为最出色的人。

绝招：比赛谁给班规"瘦身"快

班规制定之后，我问同学们："密密麻麻的一本班级法典，你们大家都能够记住吗？"

孩子们摇头。记都记不住，还能够有效影响他们吗？有可能违背了班规都还不自知呢！制度制定之后不能产生作用，制度也就成为一纸空文，那有什么用呢？

能不能给班规"瘦身"？寥寥几条是不是记起来特别轻松？当然。问题是怎么"瘦身"呢？我们制定班规的时候，都是针对同学们存在的这个问题、那个问题，如果删掉了，问题怎么处理？

这些问题抛给孩子们之后，他们发现了美好愿望和现实之间还是有距离的。好在，这些问题被一个问题解决掉了。这个问题是："我们要的是规则条文，还是自己的美好言行和习惯？"很明显，我们要的是自己的好言行和好习惯。那么，如果我们每周训练自己一个好行为，当大家都能够遵守的时候，我们就从班规中把该行为的"说明书"删掉，这样是不是给班规"瘦身"了呢？大家觉得这个办法非常好。

于是，每接一届新的班级，我们从建立班规之后的第一周开始，每周训练全班同学践行一条班规，每天训练，每天检查，合格之后，就删掉该条文。比如开学初,孩子们不认真听课,吵吵闹闹,任课老师的嗓子都叫沙哑了,班级还是安静不下来。于是,我们就训练"好的倾听习惯",一共五条,做成海报,贴在教室前墙上:

1. 安静下来,让自己听得见别人说话。
2. 眼睛看着说话的人。
3. 用笔记录下重要内容。
4. 不中途打断别人或插嘴,以免听不完全别人的意见。
5. 复述一下自己的记录,看看是否正确。

第一天训练安静,第二天训练看着别人说话,第三天训练记录的重要方法,第四天检查验收。当有孩子违规的时候,老师用手指着墙壁上的训练时间节点,一个"嘘——",孩子们自己就照做了。

为促进班级训练氛围,我们设置"'瘦身'进度榜",全班开展比赛。如第一周"路队训练",第二周"进班训练",第三周"就餐训练",第四周"听课训练"……一项制度一张海报,标注训练时间、训练强度、检查验收时间和作废预期时间。

这样,班级日常管理常规,一个学期就基本上"瘦身"完毕。当厚厚的一本制度"瘦身"成小小的一张纸、几张纸之后,孩子们的成就感非常强,班规更具有亲和力。毕竟,"简约也是一种力量"。

6 如何筹集、管理班费

> 但凡当过班主任的都知道，班级好比一个家庭，少不了一些日常开支，搞个活动、发点奖品都需要班费。但收取班费又是一件难办的事，弄不好，有关部门会责令将收取的班费全额退还学生。那么，班主任如何筹集、管理班费呢？
>
> ——上海虹桥　王丽霞

稳招：班费收缴、使用的七个小细节

1. 了解当地班费政策。班费是维护班级正常运转，保证班集体学习、生活开支的专项资金。但是，对于班费收取，目前全国缺乏统一的政策支持。能够收取的地方一般沿用的是历史习惯，能够找到的班费收取和使用的文件基本上都是学校出台的。倒是有些地区明令不允许家委会代为收取班费（如福州）。按照一般理解，班费为辅导员（班主任）指导下的学生自愿缴纳。

2. 熟悉学校管理规定。关于班费的收取金额及管理办法，一般都是学校沿用习惯。原则上要求班费专户管理，钱、账分离；因管理不善造成差错、被盗抢等损失由直接责任人负责赔偿。

3. 务必尊重学生意见。班费收取属于班级内部事务，国家规定的"一费制"也没有把班费纳入进去。一般学校默许在没有发生矛盾或问题的时候，班级自行收取。这就告诉我们一个前提——务必尊重每个学生的意愿，不得因为班费收缴引发各类矛盾。

4. 收缴实行备案制度。务必向学校德育部门备案，原因有二：一是按照程序，班级收费应该备案；二是备案之后，接受学校监督，确保经费使用公开、公平、公正、合理。

5. 经费使用公开透明。班费是学生自己缴纳的，每个学生都有知情权和监督权。作为班主任，班费使用最好不要自己经手，而是班委授权学生代表或者专门部门去使用。班主任作为指导老师，要指导他们建立定期账目公示制度，把班费使用的详细情况，定期在班级事务栏内公示，还办事人员一个清白，给大家一个明白。

6. 明确知道资金安全。鉴于目前已经发生的问题，班费放在家长手中、学生手中，都出现过家长丢失、学生遗失无法赔偿的案例。任何一个班级要收缴班费，务必确保资金安全。个人建议，条件许可，资金要掌握在可信任的人手中。

7. 家委集体审议通过。鉴于学生是未成年人，班费收取、班级审议之后，提交家长委员会审议通过一下，尽最大可能减少矛盾。

妙招：剩余班费要妥善处理

期末，我们班剩余237.50元班费。剩余班费怎么处理，同学们都很关注。有的说给大家加餐吧，咱们好好地在学校里吃一顿；也有的说，给任课老师每人买一个水壶作纪念。

我坚决反对用学生的钱买礼物给任课老师，希望同学们再认真讨论。最后，好些同学建议：我们班要代表学校参加全县篮球比赛，队员没有比赛服装，希望给每个队员买一套运动服。

我问班长："大伙儿都同意了？"班长犹豫了一下，说只有某某同学不同意。他说这些钱是同学们自己的，凭什么给篮球队的同学买运动服？别人说他们为集体争光啊！就算争光也不同意，因为这钱他也有一份，他有权不捐出来。

我说："这个同学的意见是对的，我们不能够用集体的意志去强迫一个人捐出他的私有财产，他的个人权利应该得到保护。"大家很惊讶，平时我不是很强调集体荣誉感吗？怎么今天偏偏倒向了一个一门心思钻在钱眼儿里的学生呢？

我解释说:"制度的公平就体现在对每一个人的尊重上,它不仅要维护绝大多数人的利益,也要维护极少数人甚至是弱势群体的利益。班费本来就是大家集资的,每个人都有份,我们不能因为觉得那件事情有意义,而迫使不愿意捐资的同学失去应有的权利。"学校里的每一个细节都是教育,我们应该利用每一个机会,给学生最形象、最直接的教育。我尊重那个同学的意见,保护他个人的权利不受大多数人的侵犯。

"那我们的班费该怎么处理呢?"班长问我。

"你可以把班费平均分配下去,每个人该得多少就得多少。然后,愿意把钱捐献出来给球队的同学买运动服的就捐,你们可以再集中啊。"班费分配之后,返回集中给球队买运动服的虽然只有190多元,但我比较满意,因为我至少维护了班上持反对意见的少部分同学的利益。

很多老师可能会想不通,这么小的一点事情,值得这么做吗?我说值得,因为这不仅仅是班费问题,更是一个制度的公平问题,只有每一个人的权利都得到了保护,学生才会对这个团队充满信赖、依恋之情。

绝招:可以这样巧妙地筹措班费

巧妇难为无米之炊,一分钱难倒英雄汉,做班级活动,真不花钱也确实很难。但是花钱,不收班费钱又从哪里来?完全由老师自己贡献,一次两次还行,长久持续地奉献,稍微大一点的开支也无能为力啊!

在班费问题上,曾有人呼吁财政支持,可是学校能够开支的生均经费也很有限。这个问题,我们拿给群内老师讨论,发现真的是天无绝人之路,居然还有好些绝招筹措班费。我把它们整理一下,供大家参考。

1. 积极组织义卖,义卖收入做班费。义卖的方式和方法很多,尤其是学校开展跳蚤市场活动,班主任完全可以呼吁班级同学为班级作贡献,将销售的利润作为班费来源。一次不够,几次足够支撑一场活动。

2. 开展废品回收活动,收入入班费。学校及周边其实有大量废品可以回收利用,只是现在大家不愿或者不屑做。我们把这个废品回收利用从环保角度和班级公益角度给大家讲解之后,大家行动起来,积少成多,也能够积攒不少。一个废纸小分队，收集大家的快递盒，一个学期能够卖两三百元。

3. 先享受后捐赠，"看着给"筹措。这需要有人先贷款，把事情做好、做完美。当家长和学生们都享受了该活动的好处时，明确告诉大家，这笔费用目前是悬着的，希望大家有条件的能够捐助一些，不要求大家统一，"看着给"就行。千万别小看"看着给"，只要引导得当，一次"看着给"能够举办好几次活动。

4. 销售活动命名，巧拉企业赞助。这个不太好推广，有条件的可以这么做。一些商家因为广告需要，我们把班级活动冠名权推销出去，举办班级活动时，发动同学们写文章、录视频，商家还是愿意帮助我们的。

5. 把班级活动融入学校，学校买单。要点是我们的活动要有代表性，非我们班不可，而学校恰好需要。这样就找到了结合点，学校愿意买单。

6. 开展一天节约一点点的爱心活动。不求一次性把班费筹足，可以细水长流，在班级开展"一天节约一分钱"活动，号召孩子们把节约的钱作为爱心捐赠给集体……

7 学生对班级活动不热心怎么办

> 我很想在班级管理上大展身手，可我悲哀地发现：现在的学生热衷于网络游戏，对身边的活动反应冷淡。比如说，上周学校组织新生拔河比赛，我在班上反复动员，结果报名者不足三人。这让我很有挫败感。学生对班级活动如此不热心，我该如何是好呢？
>
> ——江苏南京 刘艳红

稳招：冠军班级的五个共同特征

梳理总结学校历次大型体育比赛活动的冠军班级之路，我发现一个共同的规律——夺冠的班级并非全校个人体育素质最好的班级，但是，这些班级都具备下面五个共同特征。

1. 班主任善于激励每一个孩子。记住，激励"每一个"孩子，让"每一个"孩子都参与，这是他们共同的特征。不管是参赛的运动员，还是后勤保障，甚至啦啦队，冠军班级的每一个孩子都会全力投入。

2. 知道每一个孩子的活动特长。最好的激励是什么？不是表扬，不是赞美，而是"关注"，是我们能够"看见"每一个孩子，知道每一个孩子的想法，看得见他们的付出。冠军班级并非需要人人都是顶尖高手，但是需要把资源做好最佳配置。这就需要我们班主任知道每一个孩子的特长，把每个孩子放在最佳位置。

3. 懂得激发孩子们的强烈向往。活动是激发孩子们的激情、唤醒团队凝聚力的最好办法。"一起在共同完成一件伟大的任务中缔结的感情，是这个世界上最深厚最美好最值得回忆的感情。"这是我每次活动前夕必对学生说的一句话，因为这句话能够激发孩子们对美好事物的向往。

4. 活动组织程序做得有条不紊。换句话说，冠军班级的班主任组织活动，他们的章法都非常清楚，哪个时间段该做什么，重心在哪儿，绝不混乱。我梳理出冠军班级班主任组织活动的八个基本流程：

做好一次周密调查，梳理每个孩子的特长；

进行一次激情演讲，激发群体活动的激情；

做好一次深度交谈，一对一地鼓励更有用；

做好一个详细方案，把每个孩子都放进去；

进行一次全面演练，提前解决关键环节问题；

打好比赛第一枪，对鼓舞班级士气非常重要；

重视第一次夺冠表彰，让每个孩子看到希望；

及时做好一次复盘，可有效调整后面的组织工作。

5. 班主任自己投入程度堪称疯狂。这一点非常重要，孩子们是看着成人的样子长大的，我们自己不投入，还指望孩子们投入，那简直是不可能的。那些冠军班级，每次活动结束后，班主任几乎累瘫。不仅仅是因为事情累，更是因为他们的激情透支。

妙招："三步"确保人人参加

1. 调查：了解学生不想参加活动的七种心理，对症下药。

（1）明哲保身；（2）害羞胆怯；（3）叛逆求异；（4）自命清高；（5）自私躲避；（6）自卑失落；（7）赌气报复。这些是孩子们不想参加班级活动的主要原因。

2. 反思：我们哪些地方做得不好，及时改正。

（1）包办打击了学生的积极性。孩子们成了木偶，怎么能体会到活动的快乐，又怎么会有参加活动的积极性呢？（2）不当批评伤了学生的心。（3）活动内容不受学生欢迎。（4）安排时没有考虑学生的能力差别。

3. 组织：积极发动，点燃每一个学生的激情。

（1）动员要充满激情。学生们被动员得热血沸腾，哪会有不参加的呢？（2）内容要尽量有趣，这样活动才有吸引力。（3）活动要人人有份，各个层次的学生都有表现的机会，参加活动才会成为学生最期待的事情。（4）安排要不丢一人，这样才不会让人受打击。（5）竞赛要充满激励，慢慢地，学生就会喜欢参加班级各项活动了。（6）资源要充分利用，往往跟者甚众。

绝招：三个实用工具让激励深入人心

班级活动和管理学生动力十足的班级，班主任一般都是激励人的大师。在这里，我给大家介绍三个有效、实用的激励工具。

一、花式赞美

下面这些话，适合老师们对孩子们说。

1. 想让学生参与，我们降低身段，请学生帮忙。

第一句话："这事儿离开您还真不行。"显得孩子对我们班级很重要，活动不能少了他。"这次运动会，您不参赛还真不行，不然我们班那个项目就会失去奖牌。""宣传报道这事儿离开你还真不行，我们班的气氛、氛围上不去呀。"

2. 当学生参与，活动取得一定进展的时候。

第二句话："幸亏有您……"把幸亏有他的成绩和内容说出来，下次孩子还主动问您。

第三句话："没有你的帮助我们什么都做不了。"效果和第二句话是一样的，交替说，显得不重复。

3. 当学生取得成绩时，一定要表示惊喜。

第四句话："天啦，您居然这么快就完成了任务！"别人因为我们而惊讶，惊叫"天啦"，夸张的表情会让我们很有成就感。孩子也一样。所以，我们要会说"天啦，您居然……"

4. 铺垫式赞美，适合各种场景，关键是找一个优秀的人陪衬。

第五句话的模式是："你是我教书这么多年来……仅有的两人之一，其中一个……另外一个就是你了！"我经常对老师说，如果我们的校长有一天对我们说："某某老师您好，您是我教书 30 年来，遇到的最会做学生工作的两个老师，一个是魏书生，另外一个就是您！"老师们，您说，我们惊不惊喜？

5.任务交代之后，对学生进行嘱咐。

第六句话："这事儿就靠您了！"您想象一下孩子听到这句话的动力吧，那该多强！

二、让孩子在挫折中强大的七个步骤

这个用举例方式来说吧，"孩子运动会上摔倒了，有效陪伴的七个层级"。这是杭州江南实验学校著名班主任徐晓莉老师经常用的一个案例，我向很多家长和老师介绍过，非常有效。具体操作如下表所示。

层级顺序	关键动作	关键行为	心理效应
第一层级	看（关注）	呀，摔倒了，赶紧跑过去。	我看见你摔倒了，知道你受挫了。
第二层级	问（共情）	仔细查看情况，询问对方感受。	知道我难受，理解我的不服气。
第三层级	扶（赋能）	别怕，有我，一起想办法。	你受挫了，让我来帮助你。
第四层级	搀（助力）	我先扶你起来走走看。	我们不轻言放弃。
第五层级	推（压力）	往前小跑，会痛，但你能够挺住。	嗯，我能够忍受。
第六层级	等（方向）	我在前面的拐角等你。	放心，我知道您还在。
第七层级	赏（希望）	太棒了，你克服了困难，为你感到骄傲。	功成不必在我，祝福、放手。

三、掌握表扬、赞美的"三个环节"

同样一句赞美、表扬的话，"您真棒"，不同的老师说出来，效果截然不同。原因在哪？赞美效果好的老师，会使用表扬的三部曲，抓住了表扬的三个环节。

第一环节：事件定性。"您这样做，真是太好了"。

第二环节：描述细节。描述孩子值得表扬的具体动作、事件，表达细节被看见……

第三环节：指出价值。这是让孩子明白他为什么被表扬。价值一般是可控因素，比如说勤奋、努力、守时，而不是外在随机因素，比如一百分、得第一……

具体举例："我们班接力跑又得冠军（事件定性）！想想真激动，您看参与接力的四个同学，每个人提前站位、全神贯注、起跑精准，手臂与身体45°的姿势堪称经典。传送接力棒的同学位置精准、方向不差丝毫，整个过程没有丝毫停顿和浪费。精准合作、齐心协力的样子真是太帅了、太赞了！"

8 中途接班该从哪些方面入手

> 这个学期，领导要我接手一个全校出了名的乱班。我很担心，因为我参加工作才一年，接这样一个班，我能够应付过来吗？听同事说，这可是"天下第一烂班"，不到两年换了三个班主任，没有一位任课老师对他们有信心。为此，我很着急，接这样的乱班，我该从哪儿入手呢？
>
> ——河南开封　王老师

稳招：从简单的事情做起

1. 首抓"乱"的源头。"乱"的源头很多，有的是制度荒芜，有的是班主任疏于管理，有的仅仅是少数几个学生带坏了一班学生。堵住"乱"的源头，乱班也就好接了。

2. 从简单工作入手。这样既容易做到，又可以改变孩子们的心态，还能够很快树立班主任的威信。

3. 留心"冒尖"人物。"捣乱"的只是个别学生，把这几个"冒尖"人物的"尖"给掐掉，乱班就会恢复如常。

4. 学会以静制动。你的不动声色会让不少问题浮出水面。

5. 注意收拢人心。真心关爱，诚心付出，再调皮的孩子也知道感恩，你对他好他是知道的。

妙招：永远的组合，永远动人心魄

刚放寒假，我接到几个学生的电话，他们请我于26日9点参加毕业十周年聚会,地址就在当年的教室。

我准时到会。一进门就看见彩灯里闪耀的"永远的高三(1)班",一种熟悉的感觉涌上心头:十年了!十年之后,我当初给他们提的口号,依然在召唤着他们,使他们跨越千山万水,共赴这美丽的青春之约!我一时热泪涌出……

十年前学校进行文理分科,原来 7 个班没有被选的学生,被集中到了一起。为了减少合班阻力,学校给他们取了一个美好的名字——"特长突击班",还排位全校高三年级第一,叫"高三(1)班"。事实上,每个学生都清楚,他们是原来班主任的弃儿。因此,开学几天了,人还是稀稀拉拉地没来齐。

我很着急,让来了的学生喊没来的学生,终于在开学一个星期之后把人喊齐了。但大家普遍有一种消极懈怠感,上课没有精神,集体观念淡薄,部分班干部不理事,还有很多同学住在原班寝室里不搬出来。

怎么办?我和几个愿意做事的班干部以及学生代表"密谋"之后发出通知:开一次激情主题班会!

班会开始了,我从原 7 个班中各找一名书法好的同学上来,交给他们每人一个字,不准商量,要求他们尽可能把字写得好看。台下同学很惊奇,台上同学很慎重。没过多久,黑板上出现了一句气势磅礴的话:永远的高三(1)班!他们竟然像商量过一样,全部用仿宋字体书写!

"这就是心有灵犀啊!"我即兴演说,"7 个不同的人能够写出一句共同的口号,事先并没有商量,结果却如此惊人得统一,说明我们的心灵是相通的!还有什么比冥冥之中的心灵相通更值得我们珍惜呢?就让我们珍惜这来之不易的机会……今天我们举行一次没打草稿的畅聊班会,主题就是'永远的高三(1)班'!"

演说把同学们的激情点燃了。班长率先发起了共同过生日的倡议。不到 5 分钟,全班同一天过生日的同学就被找出来了。原来这小小的 62 人的班集体中,就有同一天降临人世的朋友!在这种气氛下,有的同学朗诵自己当场创作的诗歌,有的同学建议玩成语接龙游戏……

那一天,班会的气氛异常热烈。我又趁热打铁,组织他们商量起草了班级管理处罚条例，制定了班规班约，用制度维护我们共同的利益。

其实我这样做，不是灵机一动，而是事先作了充分的准备的。比如，如果写的字体不一致，我就会说五彩缤纷，就好像我们班的同学来自不同的班级，百花齐放，争奇斗艳，令人陶醉。如果一致，就像刚才那样引导。两种结局都想到了，还怕砸场不成？

"高三（1）班变了。"每一位任课教师都这么说。一年之后，原来在某些师生眼中是"差生"组合班级，居然考上了12个本科生！居全校第二！后来很多学生复读，全班62人有54人考上了大学，4名学生通过参军考取了军官院校，成为我们学校的一大传奇。

十年后再次相聚，大家有共同的感受：永远的组合，永远动人心魄——永远的高三（1）班，万岁！

绝招：治乱班当用"重典"

很多老师喜欢接乱班，理由很简单：反正是乱班，不会再乱到哪里去了，没有思想负担。而且，管理乱班容易出成绩。

乱班怎么治？首先用"重典"。乱班之所以乱，主要是因为制度坏了，学生不能够坚持。治理乱班，要从建设规章制度入手，要收拢孩子们的心。要严格执行各项规章制度以及奖惩措施，使学生感到学校的规章制度必须遵守，不得违反。

有些老师说："我制定了各方面都很详细的制度，可是仍然没有管住他们。"我说："你制定制度干什么呢？你制定的是你的制度，关键要有孩子们自己的制度。"我接13班的时候，第一堂课上就如实对同学们说："我没有什么制度可以用来管理同学们，但是一个班级不能够没有制度，是不是可以请大家帮助我一下，商量些什么办法？"

这个方法很有效，因为我尊重他们，而且我说了要按照他们制定的制度办。于是他们很高兴，积极举手发言。乱班中的很多人，你可不要小瞧，他们其实是很有能力的人，只不过平时被忽视了而已。他们在班级管理上有很多实用的点子。经过一个小时的讨论，制度就制定出来了。

然后，我在班上郑重宣布：制度从诞生之日起生效！同学们见我神色凛然，一个个也就不敢贸然违反。后来，我又抓了几个违纪的事例，狠狠地刹了一下不良风气。果然，不出半个月，班级管理就走上了正轨。

之后，就要在管理方法上出"新"，要不断涌现出新点子、新办法，以吸引他们的注意力，使他们积极接受管理。制度确立后，我陆续在班上推行值日干部制度、代理班主任制度、班级责任承包制等。这些办法别的班主任以前都听说过，就是不敢积极主动地实施，结果让我占了便宜。由于以前他们没有用过，学生对此感到很新鲜、很好奇，执行的积极性很高，而且效果出奇的好。

一个乱班一般要多久才能够转化过来？我的体会是：一个学期。

严格管理了一个学期，形成了稳定的班风，这时候班主任就可以轻松一些了。因为后面基本上就是学生自治了。但是在这重要的第一个学期，你不能松劲，要持之以恒，体现在管理过程中，就是每个项目的计划、实施、检查、总结等要一环紧扣一环，善始善终。一轮管理结束后，新的一轮管理紧紧跟上，使学生在这种常抓不懈、循环往复的管理中有一种紧迫感，从而让乱了的班级制度自动恢复过来。

9 学生"铁板一块"怎么办

> 我校有个高二班级,一学年打群架 2 次,学校劝退、开除 7 人。现在该班抱团"对付"老师,声称学校和班主任对他们有看法,只有自己团结起来才是他们唯一的出路。请问在学生"铁板一块"的情况下,应该怎么开展工作呢?
>
> ——江苏铜山　张艳侠

● 稳招:没有孤立不了的违纪者

学校处分违纪者,学生抱团反对,怎么办?我觉得很简单——

第一,肯定学生团结的积极面。学生喜欢抱团,因为他们怕被人说成"叛徒"。我们在肯定学生团结的同时,要一针见血地指出:团结是好事情,千万别被别有用心的人利用;一旦被别有用心的人利用,很有可能会造成大面积的悲剧!这样的反面案例很多,我们不妨收集一些。当他们认识到这一点的时候,就会对抱团行为犹豫了。

第二,弄清楚"铁板一块"的根本原因。学生抱团,一般是因为老师情况没有了解到位,让他们觉得自己受了伤害,不抱团不足以保护自己。如果是这样,我们要深入了解,只有找出了原因,才能够对症下药。

不论什么原因,我反对打架。我向来这么对学生说:"在法制社会最好的处事方法是沟通、谈判和协调,依靠老师、依靠制度、依靠法律来解决问题,这是最好的途径。"这些观念在平时教育时一定要讲给学生听,学生在思想上想通了,才能解决后面的问题。

第三,加强对话与沟通,让学生安定下来。沟通要做好两项工作:一项是单独谈话,另一项是集体谈话。

单独谈话,同学们才敢说真话。通过单独谈话,我们很快会发现,并非所有的学生都支持抱团,毕竟很多学生有正确的观念,只不过怕同学讥笑他们不够"义气"而不敢表达而已。单独谈话的时候,我们要明确地表明学校的立场和观点,这不需要隐瞒。原则上的问题学校寸步不让,学生就不会再心存一些不切实际的幻想了。

单独谈话后,再进行集体谈话。集体谈话主要是安抚和疏导学生的情绪,重申学校的意志和立场,指出今后该怎么做。集体谈话不要允许学生中间插话,因为一旦允许他们插嘴,话锋就会转向,甚至被学生牵着鼻子走。学生有想法,可以明确地告诉他们,事先单独谈话就充分体现了民主,现在需要集中,请他们理解。即使他们不理解,也请他们支持和配合,有什么想法,先执行再申诉。

第四,做好学生分层管理工作。单独谈话后,我们就会知道哪些孩子是坚决跟着挑事者走的、哪些孩子是看热闹的、哪些孩子是没有立场的、哪些孩子是缺乏认识的……然后一对一地做好思想工作。我们要让他们明白:跟着挑事者走是没有出路的,今后的人生之路还很长,得为自己打算,不能盲从别人。道理越实在,越容易孤立挑事者。当班级舆论开始谴责挑事者时,后面的事情就好办了。

谈话时要充分展示教师亲和的一面,让学生接纳我们。不要急于处理挑事者,学生没有接纳我们,没有形成正确的舆论,处理挑事者会让其他学生同情他们,甚至联合起来和学校对立。

第五,事情平息后再酌情处理带头人。酌情的意思很明显:一定是有必要才处理,否则可适当宽容。实在要处理的,一定要对学生说清楚:出了这么大的事情,不处理是不可能的,不处理就是放纵,就是对学生的不负责任。同时,还要把处理的意义讲透——处理就是教育,处理就是保护(这个意思一定要讲透,保护什么、保护谁,都要说清楚)。先教育再处分,没有处理不了的学生。先处分再教育,往往会使学生有很大的抵触情绪,从而激化师生矛盾。

妙招：静待花开

那一年，我傻乎乎地当上了班主任，也傻乎乎地接了一个差得不能再差的班级——两年内换了三个班主任。每一个班主任都深感头痛——孩子们怎么对所有的老师都深怀成见呢？这个班的学生像刺猬一样蜷缩着，又像受惊的老虎一样窥视着这个世界。

第一天上课，我说自己是他们的新班主任，希望他们能够喜欢我。回应我的是大伙儿稀稀拉拉地离开教室，留下我一个人傻乎乎地在讲台上发愣。

第一次收缴班费，全班没有一个人响应。傍晚，有一个女孩子悄悄地对我说："老师，不是我们不想缴班费，是怕你像'周老师'一样把我们活吞了。"

"周老师？我们学校没有姓周的老师啊！"

"周……周扒皮啊！……"孩子有些吞吞吐吐。我终于明白了，哦，这是前任班主任的一个外号！

怎么管这些孩子呢？我苦思良久。爱人说："别想太多，你这个人没心没肺的，你就装着什么都不知道，继续用你的真情、你的好去感动他们吧。"

于是，我继续采用无为而治的思路，继续傻乎乎地做他们的班主任。他们故意把我的备课本丢到讲台底下，我装作什么也不知道，自嘲眼神太差；他们在教室里议论我，故意大声说我的糗事，我装作什么也没有听见……我在每个学生生日的时候，一如既往地给他们煮两个鸡蛋，还在鸡蛋上用彩笔画一张笑脸。

终于情况发生了变化。有一天，我去看一位生病的学生，她小声地对我说："老师，你不知道这一切都是故意的吗？"

我没心没肺地说："什么啊，我怎么不知道呢？"

"不，这一切都是故意的！"

"但一切不都会过去吗？就好像现在，你不告诉我了吗？"我温和地对她说，"我相信大家会把我当作你们的好班主任的。"

这时身后响起了稀稀拉拉的掌声。我回头，背后站着一群眼睛里含着泪水的学生。他们一起弯下腰说:"老师,你和他们不一样,我们喜欢你!"我忍不住流泪——他们终于接纳我了。

从那之后,我们班变得非常默契。

有这么一句话:当你遭受不平、遭受抛弃时,请不要着急。安静地等待花开,你总能闻到花香。我说,当学生抱团反对班主任时,请不要急于处理,即使孩子们受过伤,相信时间是最好的疗伤武器。总有一天,他们会放弃自己不成熟的坚持。

绝招:冷静应对班干部"集体逼宫"

我曾经有一个能干的班长——大伟。大伟的工作能力很强,在他的带领下,我们班很快就在同年级中脱颖而出。在其他班主任向我投来羡慕目光的同时,我对大伟也越来越倚重。凡是大伟的意见,我都坚决支持;凡是大伟的要求,我都尽量满足。一些任课教师好心地提醒我:"你们班长现在和老师平起平坐了。"那时,我还没有意识到问题的严重性。

大伟在我的支持和默许下,变得越来越强硬专横,尤其是他带领球队夺得全校篮球比赛冠军之后,在班上越来越骄傲。他不但插手其他班委的分内工作,有时还指派、安排任课教师的课后辅导,甚至和我公开对立。

一天,我批评了一个和他关系比较好的班干部。当天晚上他递上一张纸条:"你不用杀鸡骇猴,如果你想对我们动手,干脆就正大光明地做吧。"我把他喊到办公室,想狠狠地批评他一顿。没想到我才说两句,他昂着头把门一摔就出去了,临走时还说:"干脆把我们全撤掉吧!"

"你给我说清楚,你们是谁?"我的话还没说完,他已经消失在门外了。第二天,我遭遇了教书十多年来学生的第一次"集体逼宫":10位班、团干部居然有7位向我递交了辞职书。班级迅速处于瘫痪状态。

我终于明白,大伟所说的"我们"是谁了,也开始后悔任课教师好心提醒时没有及时做好学生的思想教育工作。但是后悔没用,我得迅速让班级恢复常态。

于是,我采取了四招:一是立即成立临时特别班委,让他们马上接替原来的班委工作；二是迅速分开找人谈话，分开瓦解和攻破。几天后，有辞职的人表现出悔意；三是马上向全班通报事情真相，并严厉指出不允许任何权力凌驾于班级之上，学生在校期间的任务是学习，任何权力都必须服务于学习，否则一律取消；四是动员平时表现不错、品格正直的学生参与班干部竞选，组建新班委。

很快，新班委诞生了，一场"逼宫事件"宣告结束。在大局已定的情况下，我又找大伟的追随者个别谈话，逐渐让他们接受了我的意见。

第二章

干部队伍建设七问

1 如何构建优质高效的班干部队伍

> 现在的干部产生机制很多,有任命制、民选制、轮流值日制,每种干部产生机制都有优点和缺陷。对于班主任来说,究竟哪一种干部产生机制好呢?
>
> ——海南三亚 熊飞

稳招:建立起干部选拔与任免程序的 20 个流程

不管用什么方式去组建班委会,干部的选拔与任免是我们无法回避的事情。这类事情,处理得越有仪式感,孩子们的成就感越强。

一般来说,干部选拔与任免要经过下面一些程序。

一、干部选拔程序

1. 摸底。哪些同学适合做班干部,哪些同学具有培养潜力,接班第一天就要做好摸底调查。方式有自我填报、同学推荐、既往履历介绍、家访咨询等。

2. 建档。对于适合做干部的,建立一个备选人员资源库,把每个孩子的优缺点和适用岗位记录好。最好用一个专门档案表。

3. 推荐。学生个人自荐与班级小组推荐两条途径都行。自荐考察个人勇气和愿望强弱,民主推荐考察受欢迎程度。

4. 考察。选举或指派干部之前,一定要找同学和本人谈话,了解其进入本班情况,征求大家意见。

5. 入围。经过前面四个环节,宣布竞选或者指派干部入围名单,观察班级同伴的反应，以便后期调整。

6. 定人。包括岗位设置和人员安排，可以用选举或者指派的方式，各有优劣。选举的话需要有申报、演讲、拉票、投票、入围、拟任的环节，不要敷衍。

7. 培训。对拟任人员进行职责、能力、方法培训，以便于后面开展工作。建议第一批任命的干部和后备优秀干部一起培训，资源不浪费，还可以增强后备人员的自豪感。培训的同时也是考察，一些不适合的同学还可以更换。

8. 公示。不少老师喜欢雷厉风行，想到人选之后马上宣布，这其实并不好，没有给自己后面人员调整留下空间。最好是公示两三天，征求大家意见。公示期间都可以换人。

二、干部任命程序

9. 谈话。任前谈话必不可少，一是鼓劲，二是交代方法，三是让孩子感受自豪感。任前谈话最好邀请任课老师参与，体现重视程度。

10. 任命。这是正式宣布，一定要有正式宣布的仪式和氛围，增强干部的身份认同和同学们的信服感。

11. 就职。班主任宣布之后，邀请任命的同学发表个人就职演讲。有任命证书的可以在这个环节颁发一下，会增强孩子们的荣誉感。

12. 宣誓。每个干部发表就职演讲之后，集体宣誓。任命环节完毕。

13. 指导。光宣布班干部名单还不够，还要扶上马、送一程，刚开始的那一个月，班主任要经常在具体工作中指导，提高他们的工作能力。

三、干部免职程序

14. 考核。定期对干部进行考核，作为后面调整的依据。

15. 优化。及时调整和优化干部队伍，不适合的干部及时换岗也是对他们的关心和爱护。

16. 申请。不要粗暴地撤掉一个干部，那样人家没有面子。即使要撤，他自己提出申请会好很多。

17. 审议。干部辞职申请提交后，要组织核心人员审议一次，重在肯定成绩，理解难处，做出新任干部推荐和调整工作。

18. 补选。对新任接替干部进行补选，程序按照任前做。

19. 任免。对新旧干部进行同时任免，保证工作的延续性。新任干部工作移交前，辞职干部才算结束工作。建议辞职或者免掉的干部不要浪费，建立顾问团，会有很多好处。

20. 移交。这是最后一个环节，免职干部发扬风格，继续帮助新任干部一周。

妙招：设计一次隆重的民选班会

随便把班干部的头衔给某一名同学，他所获得的成就感远没有通过竞争获得的成就感强烈。我要设计一次隆重而神圣的民选班会，让那些脱颖而出的班干部有一种特别的光荣感和责任感。

经过自荐和选举委员会考核，确定让12名同学参与7个职位的竞选。选举之前，我讲了这样一段话："对即将参选的12名同学来说，这是一次机遇，也是一次考验。说是机遇，是因为你们当选之后，就能够实现为同学们服务的光荣愿望了。说是考验，是因为你们中间将有5名同学落选。落选让人难过，但是我们也要客观地认识到，有差额选举就存在着落选，落选不是不光彩的。相反，我们要感谢落选，正是有人落选，彰显出我们选举的公正，证明了当选的价值！落选，是对我们同学的信念和人格的一次严肃考验。经历了心灵痛苦的煎熬和磨炼而得来的成功，更值得我们珍惜和拥有。让我们全体同学都来经历这次心灵的洗礼吧！"讲完后，下面掌声雷动。

选举正式按照程序进行。首先是候选人酝酿，由选举委员会主任向大家介绍每一位候选人，然后候选人谈自己对当干部的认识。谈话之后，由选举委员会的评委进行第一轮印象打分，满分是10分。再由同学投第一轮印象票，每个候选人得分的计算方式是：评委分＋印象票数。排名前7位的是：申波超、陈昊、黄小梅、杨君、刘亚红、彭诗兰和雷振梁。后面的是曹艳红、黄小飞、谢光远、张世雄和刘斯其。分数相隔很近，竞争十分激烈。

接着进行第二轮竞选——候选人发布他们精心构想的"施政"纲领。然后，同学们正式投票。投票时，教室里萦绕着一种神圣而隆重的气氛。几分钟后，同学们都认真填好了选票。选举委员会的同学抬出了一个由苹果盒子改装而成的投票箱，让大家把选票庄严地投进去……

然后，统计票数和评委综合分，得分最高的前7名同学当选。一直担心自己落选的曹艳红和雷振梁脱颖而出，幸运地实现了当选的梦想。宣布结果的时候，曹艳红流下了激动的泪水，她感谢同学们给了她一个这么好的机会。

最后，新当选的干部集体宣誓："我们宣誓，我们绝不负同学们的期望和老师的重托，严格遵守校纪班规，切实履行好班干部的职责，团结协作、恪尽职守、公平公正、勤奋扎实，为把我班建设成纪律严谨、学风浓厚、作风一流的文明班级而努力奋斗！"

教室里掌声雷动，不少人流下了激动的泪水，包括一些没有参与竞选的同学。

绝招：以轮值比赛打造竞争局面

我们班实行常务班干部和值周班干部双轨制的干部运行机制。

常务班干部不参与班级行政日常具体事务的管理，他们的职责只有两个：一是对外联络。代表班级和学校联系、开展工作。如全班有四个轮值班长，学校要开班长会怎么办？由常务班长去。不然，这个星期这个去，下个星期另一个去，学校就会搞不清楚。二是出台值周班干部考核条例，对值周班干部的行政效能进行监督和评价。

行政日常管理事务由值周班干部来做。我们班将座位分为春季星座社区、夏季星座社区、秋季星座社区和冬季星座社区，四个大组由四套班干部来开展工作。每个星座都有一支完整的干部队伍，每组值周一个星期，每周进行打分，月底进行综合评比，获得优胜组的一组有机会和班级"法人代表"——班主任合影一张，并将照片上传到班级空间。

学生最喜欢接触新生事物，当对传统的干部管理体制习以为常时，来一种新的管理模式，每个人的积极性都会非常高。在我宣布实行星座社区管理之后，学生们表现出空前的热情，班级管理呈现出崭新的喜人局面。不仅日常管理井井有条，而且各星座的管理特色鲜明。为了赢得选民和考评高分，他们纷纷打出了竞争口号。例如，春季星座社区的服务口号是"创建美好的学习环境，带给你春天般的享受"，夏季星座社区的上岗宣言是"夺取学校任何一个考核评估的第一名，让成绩见证我们的勇气和热情"，秋季星座社区的工作特色是"扎实沉着，务实开拓，确保每一步都走得踏踏实实"，冬季星座社区的团队风格是"我快乐，我轻盈，带给每一个同学恬静的心境"。

有学生在作文和周记里写道："我喜欢我们班的星座管理，这是我们幸福的四季守护神！"我呢，则在星座干部轮流值周管理文化中，享受着孩子们带给我的幸福和快乐！

2 学生不想当班干部怎么办

> 班干部换届选举,刚宣布完竞选规则,我心目中的班干部人选居然找到我,说:"老师,我不想做班干部,我不参加竞选,好吗?"这让我很为难,答应他吧,民主意见如何处置?不答应吧,压着脖子的鸡会吃食吗?我进退两难,请高手们给我出出主意,好吗?
>
> ——江西上饶 张伟

稳招:遭遇拒绝不要急

在我们传统的思想里,安排谁做班干部,那是老师对学生的器重,学生应该无条件地接受。如果谁拒绝了,那是对老师尊严的挑战,是对老师爱心的侮辱。正因为如此,一些老师授"官"被拒,便受不了。其实,这是缺乏民主意识的表现。真的遭受学生拒绝了,我们应该这样做。

1. 尊重学生权利。我们可以培养学生做班干部,学生也有拒绝我们的权利。我们不能总去想学生拒绝我们怎么办,对学生多一点尊重,我们就会觉得拒绝是很正常的事情。

2. 保持涵养风度。无论学生干部如何,我们都要给他们一个宽松、信任的环境,给他们温和、热情的微笑。

3. 需要自我反省。我们要适当反思,是否给了学生过多的压力,是否给了学生过多的任务,我们自己是否也存在着工作失误。多反省,多和学生谈心,有利于后面工作的开展。

4. 多调查少猜疑。不能把简单的工作问题上升到学生对老师的感情态度上,尽可能了解学生们不想当班干部的真正原因,这样才好对症下药。

5. 多沟通少抱怨。学生不肯做班干部，在很大程度上是因为不懂方法，不能从中找到成就感。班主任要细心指导，多沟通少抱怨，耐心地帮助他们，多给他们提供一些具体的方法。

6. 别把拒绝当回事。小孩子嘛，遇到不顺心的事，使使性子也可以理解，只是老师一定要弄清孩子心底的想法。如果你以为他真想辞职，那就错了，他要的不过是支持和安慰。

妙招：挑选值得信任的班干部

班干部辞职，一个很现实的问题摆在班主任面前：以后该找什么样的学生做班干部？什么样的学生才值得信任呢？

一般来说，具有下面素质的学生，是靠得住的人。

1. 对人生充满热情。积极的人生态度是一种可以依靠的力量。当我说哪位同学愿意担任最苦最累的劳动委员时，云天第一个举起了手。接下来，无论什么事情，云天都以身作则，吃苦在前，给同学们树立了良好的榜样！

2. 有能力、有责任心。做班干部最重要的不是成绩和表现，而是他的责任心和组织领导能力。有责任心的人会尽心尽力做好每一件事。

3. 集体荣誉感强。我常常借助大型活动考察班干部人选，那些有强烈的集体荣誉感的学生，在这个时候总是表现出敢于担当的责任意识；这样的学生一旦做班干部，一般都不会轻易辞职。

4. 有奉献精神。这类学生有很强的服务意识，往往乐于助人。他们做事不是一时的心血来潮，而是善良使然。只要用心，我们就能够很快发现他们的优良品质，如经常开关门窗、打扫卫生、做事不计报酬等。他们不带什么目的，做得都很自然。这样的学生如有能力可当大任。

5. 不怕吃亏。这样的学生处世低调，做事高调，在家庭中受过锻炼，心理承受力较强，做事能力也不错。让他们做班干部，比较靠得住。

6. 无"小团体"意识。要打造一个优秀班级，避免被干部胁迫，班主任就要防止班内"小团体"的产生。"小团体"意识强的学生，一般不宜担任班干部。

7. 自我约束力强。一个集体往往强调的不是个性，而是合作。能够把个人融入集体，能够控制自己的个性，有着较强的服从意识的学生，往往是班主任的得力助手。

● 绝招：从机制上寻求有效的管理模式

班级工作虽然是人的工作，但更多的是管理机制问题。如果我们把管理的重心从依靠人转移到依靠制度，从依靠个人魅力转移到创建有效机制，我们将会从容得多，我们将不再因为班干部辞职而着急。

1. 发现班干部的好。有一段时间，学生不服从班长的管理，逼得班长辞职。我临时召开了一次班会，让学生们"数落"班长的"不好"。结果"数落"了半天，大家发现还是班长好，于是就很支持他。定期评议干部，让学生发现干部的好，对干部感恩，有助于干部队伍的稳定。

2. 加强现职培训。"安全部长"把教室的钥匙落在家里了，学生们怨声载道。他觉得愧疚，向我请辞。我教给他防止丢钥匙的方法，果然，从那以后，再也没有听到同学们对他的抱怨。对现职干部多培训、多帮助，可以有效地降低辞职率。

3. 双向选择定班干部。每次干部选举我都分两步进行：一是愿意当干部的学生自愿报名，二是投票选举。实行双向选择，将自荐与学生选择相结合，选上的干部就不好辞职了。

4. 培养后备干部。要想妥善地解决干部的辞职问题，进行后备力量培训是一个好办法。我们可以在学生中定期培养一些后备力量，让他们担任小组长、民间社团负责人，以此考察他们的个人能力。一旦干部出现问题，即可迅速更换。

5. 建立激励机制。创建一种机制，对出色的班干部适当进行奖励，比如期中或期末给他们评优秀班干部，除了奖励之外，还要让获奖班干部代表在校会上或班上作经验介绍等。这样可以持续激发干部的工作积极性，有效地避免辞职现象的发生。

6. 干部定期轮岗。我们班每个干部职位都由3名学生担任，然后组成3批干部轮流工作，任期为一个月。由于时间短，即使有学生不乐意干、不想干，也会坚持下去。

3 如何用好干部任命制

> 很多老师都喜欢直接任命班干部,任命制有很多优点,但是,不少班主任也常因用人失察而苦恼,班级工作的开展并不如意。怎样才能用好干部任命制呢?
>
> ——湖北荆州 王海

稳招:准确、全面地了解备用干部

实行任命制,最重要的是知人善用。要做到知人,那就要完善考察程序。

1. 了解信息要完整。不能够一叶障目,尤其忌讳丈母娘看女婿——越看越欢喜。中央电视台热播剧《我是特种兵》,主人公小庄入伍的第一个连长欣赏他,怎么看都喜欢,于是连做梦都没有想到能进去的侦察连,小庄反倒进了。欣赏是一件好事,但是不能因为欣赏而失察。我们在欣赏一个学生的时候,还要注意到他的一些缺点,做到全面了解信息,这样才能够选好班干部。

2. 了解渠道要多样。不能够仅看成绩单,或者只看在学校的早期表现。有很多学生,在家和在学校是不一样的,在同学面前和老师面前是不一样的,在人前和人后又是不一样的。那么,我们在了解学生的情况时,就要拓宽了解渠道,既要在课堂上了解学生,又要在课后了解学生,还要和同学、家长谈心,多角度、多渠道地了解备选干部(尤其是主要干部)。

3. 了解方式要灵活。我们以前任命班干部,了解情况的方式一般是直接找任命对象谈话,问他们以前做过什么干部;或者问其他同学,某某以前做过什么干部。这样直接的询问，很难问出真实情况来。要充分利用看、听、说、想等多种方式，全面了解学生干部的各项素质。比如，看他的同伴和朋友，了解他的人品；看他在班级活动中的表现，了解他的组织能力；看他处理矛盾时的胸怀，了解他是否能够服众；看他失败后的情绪，了解他的心理承受力等。

妙招：规范干部任免程序

我班明确规定，任命一个班干部，老师要征求班级大多数同学的意见，过半同学赞成才能正式任命。免掉一个班干部，也不是由老师临时决定，而是交给班集体讨论，过半同学赞成才能免掉。不任意免掉一个干部，也不任意任命一个干部，这会让同学、干部都有一种安全感。

1.进行任前实习。我任命班干部，一般都有一个星期的实习期。这样做的目的，就是让拟任干部的优点和不足都表现出来，提高干部任免的准确性。在这个星期之内，学生对干部任用人选可以提出批评、建议。如果大家都没有意见，我再正式宣布任命。

2.加强职前培训。职前培训不仅仅是方法和技巧的培训，更是思想认识的培训。提前打预防针，是防止特权群体产生的好办法。我在很多时候也直接任用班干部，但是我在任用班干部前，都会进行一次培训。我告诉他们："干部不是什么特权阶层，为同学服务、为老师服务、为学校服务、为家长服务就是我们干部工作的全部内容。"让班干部明白干部的职责就是服务，这就从思想上铲除了特权意识。

3.规范任免程序。干部任命后，不能够一切都由干部说了算，每个人都应该在自己的职权范围内活动，行使我们赋予他们的部分权力，这才是规范办事的开始。我建议使用任命制的老师，在任命干部班子的同时，把每个干部的职责、权限、义务、办事程序等用文字规定下来，并将其告诉每一个学生。违反程序处理的事情，同学们有权监督，有权提出反对意见，也可以直接向老师申诉。一切公开、透明，特权也就无法产生。

绝招：创建监督机制，确保干部行使公权

监督是一切公权有效使用的基础。构建完善的监督机制，有利于被任命的干部开展工作。

1.加强对任免活动本身的监督。我们要主动、公开地对学生说："你们可以监督老师在干部任免上是否公平、公正。"为什么要这么做呢？一是让学生明白，任免什么样的干部，其实就是倡导一种什么样的教育方向，因为在很多时候，干部在学生中是有榜样作用的。二是给干部一种安全感。很多学生当上干部后就有危机感。为什么呢？不知道什么时候"下岗"。当上了光荣，下了可就没有面子了。我听说一个班主任一个学期内三次撤换班长，结果好些学生不想做班长。加强对老师任免干部的监督，就会让干部们感到安全。一个真正乐意为大家服务，而且能够做好事情的干部，是不会在任期内轻易辞职的。

2.加强对干部任职的考核和评议。民主评议、公开述职、效能考核，这是检查干部工作好坏的好办法。在我班上，专门有一个干部行政效能考核打分的小组，从每个大组中选2名学生出来，全班一共8名，由他们对照干部职能考核表，对每个干部每周履职情况进行考核打分，每个月公布一次。这8个人不是班干部，考核好坏跟他们没有什么关系，因此相对公平、公正。每半学期召开一次干部民主评议大会，干部公开述职，每个干部讲3~5分钟。同学们采取不记名的方式，从干部作风、方法、态度、效能等方面对班干部进行投票，并把自己的批评意见和建议直接交给班主任。班主任在评议会上进行总结和说明。这样既让普通学生感受到了尊重，又教育了学生干部，让他们对自己的得失有一个清醒的认识。

3.建立一种阳光、透明的监督机制。我建议喜欢使用任命制的班主任在自己班上建立一种公开、透明、阳光的监督机制，对老师任命干部的程序和干部履职的过程、内容、方式、结果等多方面进行监督，让普通学生有机会、有渠道表达自己的看法。把公权置于全体学生的民主监督之下，如果遭遇不平的事情，他们有地方可说、有地方投诉，特权也就无从产生了。

4 新选拔的干部对工作茫然无措怎么办

> 我们很多班主任在实际工作中发现,尽管我们选拔的干部很积极、很听话,可是在很多时候,工作开展得不尽如人意。甚至有个别班干部,我们手把手地教他,他还是茫然无措,该怎么办?
>
> ——广东佛山 从周

稳招:提供规范的干部职责和工作流程

好的班主任应该是班级管理的教练,不仅仅有想法,还有办法帮助干部们履职。新手班主任不知道怎么培训班干部,怎么办?下面这个规范的干部职责和工作流程可节省您很多精力。

一、基本职责

职责设定原则:从为什么要设置这个岗位,逆推应该做什么事情,以做好为标准。

团(队)书记——

别称:指导员、政委、思想指导官、思政建设总裁,班级核心管理者。

职责:(1)负责全班思政工作统一部署和安排;(2)领导班委开展工作;(3)协助班主任做好班级思政工作;(4)负责班级心理健康建设;(5)做好班级宣传和活动组织领导工作;(6)做好团队发展工作;(7)指导并审核班级制度建设和学生荣誉体系建设。

班长——

别称:班级事务总裁、首席执行官、小班、班级事务日常核心管理者、宰相。

职责：（1）协助班主任进行班级管理工作；（2）组织制定班规和执行班级周工作计划；（3）指导和督促各职能部门做好日常管理；（4）联系某一个部门和小组，了解大家内心想法；（5）收集整理同学们的意见并及时改进；（6）协助并在团队委领导下开展工作；（7）代表班级参与学校事务。

副班长——

别称：班级执行总裁、班办主任、班务总理、掌印大师。

职责：（1）配合班长开展班级管理工作；（2）负责班级日常操行评估；（3）执行班委周工作计划；（4）联系某一个学科组并指导其工作；（5）负责班级日常信息反馈，填报班级日志；（6）班长缺席时代理班长职责；（7）分管班级安全保卫工作。

学习委员——

别称：学习执行官、学科总裁、学习中心主任、学霸顾问官、内阁学士。

职责：（1）班级日常学习事务管理；（2）指导和管理学科组长及课代表做好各类学习活动；（3）联系各任课教师做好学习情况反馈；（4）负责班级学习型小组建设；（5）组织班级学习经验交流和分享；（6）建立班级学习荣誉体系并执行；（7）梳理和研究处理同学们学习中存在的问题。

体卫委员——

别称：健康顾问、体卫执行官、卫健署长、形体指导师、健康中心主任。

职责：（1）负责体卫工作的开展和管理；（2）做好"三操"（早操、课间操、眼保健操）及体育运动会的组织管理工作；（3）负责班级体卫活动开展；（4）晨午检上报和病假审批和报备工作；（5）路队建设及管理；（6）体育兴趣社团建设和指导；（7）做好体育老师和卫生心理老师的助手，在他们指导下开展工作。

生活委员——

别称：内阁总管、户部尚书、生活总裁、生活总经理、财政部长、审计署长。

职责：（1）班级费用收缴、管理与结算；（2）就餐和住宿安排与管理；（3）上级补助审核、领取和发放管理；（4）班级福利与活动后勤保障安排；

（5）跳蚤市场组织与管理；（6）其他与同学们生活密切相关的事情的安排与管理。

劳技委员——

别称：工部尚书、保洁专员、环保局长、第二课堂中心主任、技能王。

职责：（1）负责班级劳动事务及同学们的技术培训管理；（2）负责出台班级卫生保洁标准及日常维护；（3）负责"桌面三有三无"条例的执行；（4）负责班级公共区和专属地卫生保洁工作；（5）组织劳动技术类比武和荣誉评价体系建设；（6）负责环卫科技及第二兴趣课堂建设。

文宣委员——

别称：才艺大师、娱乐总裁、开心署长、文化专员、礼部尚书。

职责：（1）负责文化宣传和校报校刊及广播站新闻工作；（2）负责指导和管理班级社团建设；（3）负责班级文化建设工作；（4）负责班级文明创建、文明教室与宿舍创建和班级风貌建设工作；（5）负责节日文化活动组织与管理；（6）与学委一起做好学习经验交流宣传展示工作。

纪检委员——

别称：风评总裁、监察部长、廉政署长、吏部尚书、作风指导师、形象完美专家。

职责：（1）负责班级出勤考核和管理；（2）负责各部门工作作风建设及信息反馈；（3）负责班级制度建设、特殊条款解释与违规处理工作；（4）负责班风问题诊断及对策解决；（5）评优评先审核与一票否决工作；（6）负责班级作风文化建设；（7）手机与网络问题管理。

以上是传统的干部职责分工，具体要做的事情，可以带着相关的职责人员一起细化到日常要做的事情，可以整理一份清单，按照时间先后做出流程。这样，班干部工作起来就轻松多了。

当干部们每个人都知道自己要做什么、每日清单是什么、遇到问题怎么处理之后，班主任就可以放手让他们做。

二、三项常规流程

如果遇到问题，职责中没有明确的规定，怎么办？建议用下面三句话，

引导干部们自己思考出来。注意,是他们自己思考出来,而不是班主任给答案。这三句话是:

1. 您说呢?(当干部提问时,先用这句话,引导孩子们自己说出想法,寻找创意。)

2. 说得真好,还有呢?(不断鼓励孩子拓展思维,进一步创新,前提是班主任要自己感兴趣。)

3. 太好了,我就知道您的想法是正确的。(当孩子提出想法之后,我们帮他决策,一段时间之后再说这句话,引导孩子们把经验说出来之后,才说"太好了"。)

干部遇到问题时,交给他们一个基本处理流程,即问题处理六个步骤:(1)还原真相,弄清事实;(2)矛盾梳理,弄清责任;(3)民主议事,确定分寸;(4)分解落实,明白任务;(5)把握原则,避免失误;(6)允许申诉,抚平情绪。

班主任交代干部们做事,要培养他们学会管理流程的四个基本步骤:(1)上级指令下达——下级回复"收到";(2)分解任务之后——向上级回复"当否请指示";(3)关注效果追踪——得失汇报"已执行,效果怎样";(4)完善后续管理——做完之后总结经验并备案,以便继续出发。

妙招:帮助干部做好"三个第一次"

要教给学生适当的工作技巧,尤其应帮助他们做好"三个第一次",即第一次在大庭广众之下讲话,第一次走上讲台,第一次参加分管工作的讨论。

有一个叫王小菲的学生,性格比较温和,待人也很热情,做事认真,吃苦耐劳,但胆子太小,不敢上台讲话。平时安排工作,都是用纸写好,然后张贴到前面黑板旁,要同学们自己去看。

由于她安排工作之前很细心,也注意和同学们交心通气,因此工作并没有因为她的胆小而受到影响。可是我觉得这还不够,我认为,不能够走上讲台去面对同学的干部,就不是一个称职的好干部。因此,我一心想把她推上讲台去讲话，甚至用蛮办法逼了她几次，可是都没成功。

我问她为什么不敢说话，她说怕看见同学们的眼睛。

我首先告诉她一个克服心理障碍的好办法：不要把台下的同学当作和我们一样的人，只把他们看成一屋子的货物，你只是在这屋子里清点货物而已。你安排工作，就好像在宣布把哪件货物安排到哪一个位置。

然后，安排她到旁边的办公室去训练一下怎么讲话。我对她说："声音要让自己听得见，当你听见自己的声音在教室里响起的时候，你就能讲了！"

后来，王小菲练习了好多次，最终走上了讲台。那次讲话很成功，同学们对她的表现致以热烈的掌声。她在日记中写道："走出了第一步，后面的事情就好办了。""对没有发生的事情感到害怕，实在太好笑了。"

后来，我还告诉他们如何组织同学讨论自己分管的工作：团结那些能力比你强的人，虚心地请求别人帮忙，会有人给你提意见的；多肯定别人，谁都喜欢听好话；仔细观察别的班干部如何做，可以直接将好的办法"搬运"过来……

绝招："寻找客户"让每个干部方向明确

明确干部工作职责，他们是否就能够成为得力干将了呢？不一定。天赋好的孩子能够自我发挥，更多孩子需要我们给他们提供一个日常管理的行为清单和考核标准及流程。有了这样的工具，孩子们依葫芦画瓢也能够把工作做好。

问题是，这样的一个清单我们提供给他们，和他们自己获取，自豪感和实用价值完全不同。怎样让他们自发地去创建一个理想的工作清单呢？"寻找客户"活动是一个非常有效的办法。

"寻找客户"活动是给每个孩子安装工作内驱力、树立良好服务理念的好办法。做法很简单。

1. 思考自己是为谁服务（给谁提供服务）的？
2. 站在服务对象的角度上思考，他需要什么服务？

3.如果我是服务对象,我喜欢什么样的服务方式?

4.我的服务有什么标准?

5.如何及时评价我的服务?(定量会更清晰)

每个人的服务对象是有不同层级的。按照重要性、频率高低,分为经常服务的、直接客户,或者叫高频客户,我们把他们归为一级客户。反之,服务频率低、偶尔服务的,叫二级客户。我们根据客户不同分类,按照上面五个要求,"寻找每个干部服务客户"。

下表是"课代表寻找客户工作清单"。

优先层级	客户人员	服务内容	服务流程	评价标准	评价方式
一级客户	学科组长	布置作业和安排学习任务; 每天及时收交组内作业; 收集解决小组学习问题; 进行每周两次教研; 组织学生进行早晚自习; 解决组长工作难题; 做好学科思维与品质训练。	询问需求; 提供方法; 跟踪效果; 及时帮扶; 点赞推优。	布置及时精准,方法灵活; 不缺一人,不迟5分钟; 一问题一系列解决方法; 每次教研有计划有内容; 提前告知自习要求和任务; 一对一帮扶解决; 每周一次专题微分享。	调查问卷、座谈、满意度调查、服务对象来贴红花、写点赞卡等方式,定期一周或不定期。
二级客户	兴趣小组	协调老师辅导时间; 发现好的做法及时推广; 协调小组活动场地; 帮助他们解决实际问题; 做好学期方法分享会。		时间不出错,精确到分; 好做法推广不晚于一天; 如有变化提前半天告知; 一个问题一系列办法; 分享会的气氛热烈、有分量。	
二级客户	有需求的同学	陪伴他们一起询问老师; 提醒他们及时写作业和预习; 提供学习方法策略卡; 及时给他们鼓励,树立信心。		态度诚恳、做法温馨; 时间精准、从不延误; 策略卡实用、方便; 能够感受我们的温暖。	

注意:(1)老师是课代表的指导者,可以成为服务对象,但更多是指导;(2)客户对象是按照资源信息流动的方向设置,向上则是汇报和情况反

馈;(3)为谁服务,谁就是我们主要的评价者;(4)评价标准对应服务内容,一条服务内容一条评价标准,定量和定性相结合。

限于篇幅,这里只以课代表为例,展示我们的做法。更多内容我们在"自主教育"微信公众号上有每个岗位的"寻找客户表",感兴趣的老师可以搜索一下。

5 干部工作不得力怎么办

> 在很多优秀班主任的经验介绍里,都提到过寻找一位得力的班长,组建一支得力的干部队伍,这样班主任工作就轻松了。可是在实际工作中,我却遗憾地发现,在很多时候,干部工作不尽如人意。请问,当干部工作不得力的时候,该怎么办?
>
> ——新疆石河子 任爱婷

稳招:用部门设置解决干部个人能力不足问题

干部个人能力不够,那就集体上。我们可以借助班级管理部门的设置,来解决干部个人能力不足的问题。

这里介绍几个既别出心裁创新干部队伍体系,又很有实效的班干部管理机制。

1.学习部、管理部、立法部三权分立。具体做法是:班级成立三个平级部门,部长相当于过去的班长,各自在班主任的指导下开展工作。其中学习部负责学科学习,下面的课代表均为学科班长;管理部负责日常管理,下面成员均为管理班长;立法部负责处理班规建设及违纪事项,成员均为法务班长。三部门内部协商,同时参与管理。

2.座位部落管理。这是个化大为小的管理方式,也就是班级每个大组组内都有一整套干部管理机制,一般班级是怎么设置的,他们大组内也怎么设置,开展组内自治。涉及班级公共事务的,各大组轮流管理,以周为单位比赛。班主任要做的事情,就是每天进行各组点评,激发他们的积极性。

3. "三省六部"制。这是借鉴历史上的一些做法,把班级事务管理分别设置为"知识省、作风省、考评省","六部"则借用"吏、户、礼、兵、刑、工",分别对应我们日常管理的"干部、生活、文宣、体卫、纪检、劳动"等。更换一种名称,孩子们的积极性更高。

4. 企业管理模式。这是我在职业中学使用的班级管理模式,学生也很喜欢,我们班的各项指标均在学校前列。具体做法是:把班级组织构架分为生活部(负责荣誉待遇,体系有基本薪酬、涨工资、带薪休假、职务晋级、单位至荣、区域模范、终身成就奖)、学习部(负责学习等级晋升,升级体系有见习生、一线工、经验工、质检员、技术指导、项目监控、质量总监)、生产部(负责实习,系统有实习生、正式工、小组长、车间主任、副厂长、生产经理、经理、区域总裁)、体育部(负责健身卫生,升级体系有门童、导购员、分销组长、副店长、店长、二级批发、一级批发、区域代理、销售总裁)、纪检部(负责制度和纪律,升级体系有安保、助工、修理师傅、项目组长、队长、维修店长、维修经理、区域总裁)和品宣部(负责文宣,升级体系有见习生、记者、新闻组长、驻地主任、项目主审、区域新闻官、品宣主管、品宣总裁)六部。这套机制的特点是每个学生都从底线员工做起,凭管理积分升级,让成长看得见。

5. 项目负责制。这是近年来选课走班出现的新管理模式。选课走班模式下,没有固定班级,怎么进行班级事务管理?项目教室或者项目管理,可以解决日常班级管理问题。具体方法是:一个学科教室一个指导老师,每个指导老师围绕自己的学科学习,把本课时内本教室的同学,以项目研究为核心,采用项目管理的办法,大家一起做好班级日常管理。

6. 党政联席制。党务系统就是共青团、少先队系统,负责思想引领;政务系统则是日常管理部门,这里不多说,大家都基本熟悉。

最后,我要说的是:众人拾柴火焰高,干部个人能力不够,注重部门整体作用,效果依然也不错。如果"官方岗位"不够,可以"民间岗位"来凑,开发更多的"民间岗位",学生们自我申报,参与班级公共事务建设,也值得尝试。

妙招：提高干部能力的三个办法

在构建高效的干部运行机制上，我有三点体会可以和大家分享。

1. 用岗位锻炼人。"王侯将相宁有种乎"，这是最好的干部管理理念。没有人天生是做干部的，干部都是慢慢培养出来的。把你的学生放在他渴望的位置，他就会有一种担当意识，就会有精彩的表现。

我在班上尽可能多设置一些工作岗位，确保每个人都能够在班级找到一些事情做。有时候人数实在太多、岗位太少，怎么办？可以采取轮值的办法。我把全班分成四个大组，每组一套干部，每个月轮流值日，大家都做做干部。这样，人人都得到了锻炼，谁有能力，我心里全有数了。

2. 知人善用。我根据干部的性格定岗位。例如，让事业型的干部做学习委员、课代表、各种兴趣小组负责人；让大胆泼辣的干部专门负责班级日常管理；让性格内向的干部做事务性的、不起眼的小事情，如负责日常卫生等工作；让性格外向的学生负责班团活动、对外联系等。不是哪个学生天生性格不行，不适合做干部，而是看你是否把他们的性格优势发挥到了极致。只要你知人善用，你就会发现人人都可以做干部。

3. 加强培训。在我们班上，有多种干部培训机制，如班主任亲自对干部进行工作方法、技巧、观念方面的教育。还有老干部对新干部的培训。我们班上规定同一岗位不得连任两届，那么任期满了的优秀人员可以做什么呢？给他一个"教授"的工作干干，让他专门负责培训新干部，传授自己的工作经验和体会。另外，召开工作经验交流会，互相分享工作经验，总结工作得失，这是学生之间的互相培训。还可以让学生对干部提意见，让学生培训干部。通过教师培训、老手培训、干部互相培训、学生意见培训等多种渠道，把我们班上的每一个学生都培养成了能独当一面的领导。

绝招：建立团队工作的新机制

从1996年到现在，我班上的干部一直是每周星期天晚上召开干部会议，在我办公室里研究、布置、安排工作。

我从来就不问这个星期要做哪些事情、有哪些内容，全部由学生自己确定。刚开始，他们不知道怎么主持会议，不知道怎么开展工作。我就让他们看，看什么呢？看我们校长怎么主持校务会。

我对校长说："让我们班长参加一次校务会吧，学学怎么做班长。"校长居然答应了。参加会议回来之后，班长很神气。他说："我们学校开会，李校长坐着不说话，副校长主持会议，办公室主任做记录，其他人员一一发言，最后校长拍板决定。今后我们开会，就让副班长主持会议，学习委员做记录，大家都谈看法、谈意见，最后我拍板决定。"

我说："行，就这样办吧。"我们班实施班委会会议制度之后，每个干部都很神气，尤其是纪律委员，以前处分学生时很小心，还要说好话，求别人接受。自从开始团队工作，他很神气，对被处分者说："这是集体研究的意见，不是我个人的事，你可要接受哦！"一个人反对集体，谁也没有这个胆子！

运转一段时间后，他们还发现了一个高效的协作办法：把每周的重点工作写下来，周一早上公布在黑板报上。这既提醒干部注意，又让全班同学都知道这周该干什么。效果很好，干部们也很有成就感。每周都完成这么多任务，积累起来，月底和年底述职时，厚厚的一叠，多有成就感啊！

现在我发现，我们班的班团委会越来越像一个"会"了！

6 干部要辞职怎么办

> 我班上有一个男孩子,今年当选为学习委员,班级工作做得好好的,突然有一天,他说不想做了,要辞职。我做了好几天的思想工作,他还是态度很坚决。干部名单早在开学初就报给学校了,同学们也认可了他,这时候他要辞职,我该怎么办呢?
>
> ——浙江 秦卿然

稳招:辞职请走程序

红梅说她不想做班长了,我问为什么,她说感觉很累。

"你决定了吗?"我问。

她没有正面回答,只问:"我可以休息一段时间吗?"

我当然同意。学生递交辞职信之前,一定经历了复杂的思想斗争。她的压力可能来自家庭,可能来自学习成绩的困扰,还可能来自同伴的压力……简单地劝慰其继续担任,也不是好办法。

于是,我对红梅说:"按照程序,打个辞职报告吧!"

"行!"她答应了。

这是我班上的一个特色。我每次做班主任,都实行干部辞职引退机制,而且在制定班规的时候,就引导学生们想清楚:当有一天,你们不想做班干部了,该怎么办?学生们以前没有想过这个问题,觉得很好笑。但是我告诉他们,我已经不止一次遇到干部辞职了。辞职不是坏事情,这是一种客观存在,有人想干,肯定也有人不想干,人家不想干了我们要尊重他。但是,我们要有一种制度来规定什么情况下可以辞职、什么情况下不能够辞职,如果要辞职，有些什么手续。

将问题抛给学生之后，他们就会仔细地思考。于是，他们在班规中明确：罢免干部要全班三分之二以上的同学同意才能进入罢免程序；干部辞职必须提前一周申请，等同学们召开班级大会，讨论该辞职申请并进行表决，选举出新的接替干部之后，辞职行为才被认可；辞职干部在提出申请的一周内，有权收回自己的辞职要求——这是给那些并不是真的想辞职的干部一个挽回影响的机会……

实行这种机制之后，我的工作就好办了。我不会因为一个学生想辞职，甚至全体干部都想辞职而慌了手脚。我可以不慌不忙地把辞职的原因了解清楚，把学生的思想工作做通，把交接工作做好。

红梅递交辞职信之后，我在班上通报了这一情况。我坦然地对大家说："红梅要辞职了，我有点儿难过，但也为她喝彩。她敢于面对压力，我们要尊重她的决定。"

我对红梅任期内的工作进行了总结和肯定。在发言中，我尽量把这件事情说得很正常，尽量淡化辞职的负面影响。我得利用每一个机会，在班级中树立正确的舆论导向，培养学生的服务意识。当学生觉得每一个锻炼机会都来之不易、做干部很光荣的时候，他就不会轻易提出辞职请求了。

一个星期之后，班级大会接受了红梅的辞职请求。接替她的是其室友梁艳，两人关系很好，以前有什么事情常常在一起商量。一个多月过去了，班级运转得很好，并没有因为红梅的辞职受到影响。

妙招：解决干部们后顾之忧的七条策略

只要做得不憋屈、不为难，大多数孩子是愿意做班干部的。孩子宁可辞职也不愿意做，背后一般都有问题，我们要有针对性地解决孩子的后顾之忧。下面针对七类问题提出应对策略。

1. 辞职原因：能力不够，总是被打击。

对策：提供技术支持，一带一帮扶。

如和他们一起制定自己的工作清单，帮助他们以天为单位进行复盘；建立一事一议制度，遇到问题班主任和他们一起研究解决；不定期地悄悄塞"智囊手册"给他们，让他们有办法应对；提前预知班级问题，提前教会具体某事件的应对技巧，帮助他们树立信心；不管孩子做得怎样，都给予表扬和鼓励；利用"您说呢？""还有呢？""太好了！"语言模式引导他们自己想办法。

2. 辞职原因：班级歪风邪气旺盛，干部屡被嘲讽。

对策：铁血手段营造良好的班风。

这里说的铁血，只是一种比喻，意思是强力营造。班级风气不正是因为很多老师太懦弱，孩子们不懂事，顺着杆子爬吗？我们可以寻找那些有正义感的孩子，一起正面发声；班主任对于不正之风要毫不犹豫地坚决表态，对于错误行为要态度鲜明地打击，同时要利用班会多对学生进行好的三观教育。当班级氛围好了，干部就没有压力了。

3. 辞职原因：担心精力不够，成绩下降。

对策：提供学习支持，看见成绩进步。

孩子当干部，一定是会分散精力的，再遇上贪玩、不会利用时间，一段时间之后，干部成绩会下降，家长和孩子压力都很大。这时候，我们应该教会干部们"时间管理法则"，帮助他们厘清要事，坚持要事第一法则。同时，还要把每个学科的学习方法教给他们，定期督促和检查，课堂上予以适当的关注……这些措施多管齐下，孩子成绩提升了，自信就有了。

4. 辞职原因：班主任管理方式不当，干部不好做人。

对策：寻找符合人性的教育和管理方式。

有些班主任总找学生干部了解情况，把学生干部当眼线、暗哨、告密者，这样学生干部在同学面前很难做人。要知道，孩子们最痛恨的就是"叛徒"。我们班主任应该变私下告密为公开举报、变个别了解情况为向班级建言献策、变布置眼线为深入同学谈心……寻找更为人性化的管理措施，干部和学生都会喜欢。

5. 辞职原因：荣誉机制不够，干部动力不足。

对策：建立干部荣誉晋升体系。

干部也需要不断被看到，除了常规的优秀班干部、优秀课代表、优秀小组长之外，我们还可以建立干部等级晋级制度，如班长可以根据年限、经历和时效，建立见习班长、初级班长、中级班长、高级班长、特级班长、黄金班长、钻石班长、终身成就班长。每个岗位都这样，每次晋级举行授勋仪式，孩子们特别喜欢。

6. 辞职原因：校方规则不合理，干部压力大。

对策：做好自己就行，不要被不合理的规则绑架。

学校为了严格作风，一定要每个巡视干部每天扣足 5 分才算合格。大家都做好了，还要吹毛求疵地扣分吗？干部压力很大。我们可以告诉孩子："规则不合理，我们可以保留意见。做好自己就行，不要被不合理的规则绑架。"

7. 辞职原因：认识不足，遇到麻烦撂挑子。

对策：说出生活真道理，硬核道理妙说服。

"宰相肚里能撑船，那是被气撑大的。""受气是干部的成长过程。""担多大的责，就会有多大的牺牲。"……这些硬核的话，一定会让孩子心结秒开。

绝招：后备干部让我们有备无患

班主任害怕干部辞职，无非是担心影响工作。班上的事情不因为一个人或者几个人甚至一伙人辞职而受到影响，我们还害怕什么呢？

建立后备干部制度，就是我们不怕任何人辞职的绝招。

后备干部来源：班里各方面表现优秀、具备良好的个人素质，但是因为岗位设置问题，目前还没有找到个人理想岗位的同学。

后备干部的权限：和正式干部一样，按要求参与班级重大活动，旁听班级会议，他们可以有实习期发言权，没有决策权，避免他们的意见影响在职干部。遇到问题，可以组织他们小范围地拿出建议，供干部参考。

后备干部的任务：在我负责的班上，我给后备干部一个日常任务——填写"每周观察表"，从旁观者的角度，从第三方角度，对班级管理进行监督。这样可以让他们用第三方视角参与班级管理工作。

后备干部也分具体岗位职责，这样，他们进入角色会更快。在日常的工作中，如果正式干部请假或者忙不过来，也邀请后备干部帮忙做事。

后备干部也经常培训，培训的方式有观摩现行干部例会、模拟一事一议、参与现行干部专题培训，确保能力足够。

同时，为了增强后备干部的归属感，后备干部也形成了专项荣誉评价机制，定期评选，颁发证书。任何岗位出现空缺，或者遇到问题，后备干部直接上。

7 干部违纪甚至胡作非为怎么办

> 干部是班级管理的重要力量,可是在工作中我们遗憾地发现,无论你的教育培训工作做得多好,总是有班干部带头违纪。对于干部违纪甚至胡作非为,怎么处理最好呢?
>
> ——云南 曾玫红

● 稳招:不要过分地要求班干部

我们老师总存在这样一种错误观念:干部必须德才兼备,必须领先于普通学生。因此,对于干部违纪,我们老师通常的做法就是严惩不贷,甚至比处理一般同学更加严厉。这样做,其实是一种教育的不公平。一是把学生区别对待;二是把干部当作精英人才培养,他们违纪就严厉处理,普通同学违纪就轻描淡写,这样会让普通学生有失落感。

学生干部也是孩子,天下哪有不会犯错的孩子!最好的办法是不用完美的眼光要求班干部,只按照制度办事。触犯了哪一条,就按照班规做相应处理。不求全责备,也不姑息养奸,实事求是,这样对普通学生、对干部,都是一种很好的教育。

● 妙招:惩罚班长的 N 个理由

开完教职工例会回到教室,班长交给我一份违纪处罚名单。我刚宣布完毕,白玉峰就站起来说:"老师,班长违纪!他这个记录不公平!"

"怎么不公平?"

"刚才你去开会,黄丹讲话最多,班长包庇她,没有登记。"

"是这样吗?"我盯着班长。班长一脸的羞愧,看来白玉峰的举报属实。

"黄丹和秦虹都到办公室来一下。"宣读完违纪处罚名单后,我把这对舞弊搭档领到办公室,俩人对违纪事件供认不讳。

根据班级处罚条例,我给班长开出了从严惩罚的 N 个理由。

1. 班长包庇好友,造成班级新的不公平,违背了以法治班制度。

2. 职务违纪的影响大于自身行为违纪。如果她仅仅是上课说笑话,可以只参照一般违纪处理,但现在是职务违纪,得从严处理。

3. 班长属于公众人物,应时刻注意自身形象。尽管我们反对干部违纪从重处罚,但是事实上,公众对干部违纪惩罚的关注度高于普通同学,不从重处罚难以让同学信服。

4. 处罚班长对其他干部有威慑作用。这次违纪是班干部第一次违纪,首犯从严,有利于今后对其他干部的约束。

5. 从严处罚,对我们养成良好的风险意识有帮助,对我们个人成长有利。

……

N 个理由还没有说完,班长秦虹频频点头:"老师,你放心,我一定接受惩罚,而且要让大家信服。"

绝招:老师,对不起,我把您拖下水了

梓航是我最喜欢的一个学生干部,思维灵活,视野开阔,作文也写得挺好,就是有些小个性,容易违反纪律。

这不,今天是梓航入学以来第 N 次违反纪律了,该怎么唤醒他的自律意识呢?我思考一个问题:干部违纪,一定要把违纪处理当作一次全班规则教育的机会,让每个孩子都明白,规则第一。但是我也知道一个规律:小学生犯错,可以当天批评;初中生犯错,最好一周之后批评;高中生则要延迟四周以后,效果会更好。

于是,第二周,我邀请了全体任课教师和部分家长代表,参与我们班星

期五的班务总结课。在梓航作为轮值班长做了一周点评之后，我作为班主任，向学生就梓航同学上周违纪事件做了自我批评。我批评的理由如下。

1. 我对梓航帮扶不够，没有尽到 24 小时的帮扶密度，以至于我不在的时候梓航违反班级纪律。

2. 我对干部管理和教育不够，以至于以梓航为代表的班干部没有严格要求自己，没有做好榜样和示范作用。

3. 我犯了用人失察的错误，梓航同学违纪了，同学们反映到我这儿，我依然还任用他。

4. 我对班级民情和舆论引导不够，班级出现了问题，大家只会互相抱怨，没有拿出行动立即制止，形成了不良舆情。

5. 我对干部用人机制思考不够，没有建立好违纪干部的惩罚、诫勉谈话和退出机制，也没有建立好违纪干部的任免和重新上岗机制，造成部分干部自律意识不强、自制力不高。

6. 我对班级环境氛围建设不力，没有形成干部不能违纪、不敢违纪、没有条件违纪的良好环境。

鉴于以上 6 个错误，我给予自己写 1000 字反思的惩罚，并于周日晚上在班级群里发布。班务会议结束之后，副班长宣布放学。梓航跟着我走进办公室，哭着说："老师，对不起，我把您拖下水了……"我说："那你说该怎么办呢？我也没有办法啊！""老师，我一定改。"从那之后，梓航确实没有再犯过错。

我要的也就是这个效果。很多时候，我们批评直接当事人，而不批评他们的领导或负责人，他们就不着急，因为他们已经习惯挨骂了。但是我们把批评的矛头对准相关责任人，别人因为自己而挨骂，他们就会不好意思。我把自己拖下水的苦肉计，唤醒了梓航的责任心。

第三章

班级日常管理十问

1 如何提高班级日常管理效益

> 有些班主任整天守在教室里,可是班级管理效果并不好;有些班主任整天不进教室,可是班级管理得井井有条。这里面究竟有什么秘诀?我们怎样才能轻松、高效地管理好自己的班级呢?
>
> ——湖北荆州 范佳欣

稳招:"八个一"提高班级管理效益

1. 凝聚一个全班认可的愿景。愿景和目标的最大区别,就是愿景具有感染力、鼓舞力。有愿景的班级,大家愿意克服任何困难,哪怕哭着都要去做好每一件事情。

2. 制定一份清晰的发展规划。高效管理型班级,每走一步都知道自己在哪里。围绕班级愿景制定一份三年、六年精确到每个学期每个月的发展规划,会让工作更有条理。请注意,规划要用具体数据来表达,如不能笼统地说提高成绩,要把提高成绩落实到学校排名第几、多少名学生达到什么层次。逐阶段落实,孩子们就对您信服。

3. 细化一张详细的班级月历。每周要做什么大事、一个月要养成哪些好习惯、什么时候进行一次综合考核、哪一天安排重要节日活动……要和孩子们一起制定好每个学期的班级月历。一个学期一次,发给每个孩子、家长和任课教师,每天的效益感就会非常强。

4. 进行一次周密的部署安排。事情没有落实到人、人没有落实到事、考核没有落实到时间节点、成绩没有落实到具体数据,这样的安排都是空的。计划制订好之后,要做好人的部署安排,把具体事情责任到人,考核时间落实到天，这样的周密安排，让每个孩子都有任务感。

5. 使用一个进度衡量的工具。甘特图、进度表、任务箭……这样的管理工具网上都有。尤其是把这样一个进度工具做成文化墙，孩子们每天询问自己：今天又到了哪一步？能够让成长看得见。

6. 养成一个定期复盘的习惯。高效率班级一定是瞄准目标、定期反省复盘的班级。至少每个月，最好每周组织任课教师、班干部一起复盘自己的各种计划，如目标生培养、优秀生提升、后进生帮扶、班级活动开展、家长培训……盯紧几个关键指标，目标就很明确了。

7. 出台一个班级荣誉评价体系。任务和奖励挂钩，永远是激励人的好办法。把我们要做的事情和班级荣誉体系匹配起来，每个孩子都有自己的成长目标，班级管理就有内在动力。

8. 进行一次有效的深度会谈。班主任是班级最高领导，最高领导不是去忙具体事务的，计划安排之后，奖励措施到位之后，激励就成为我们提高管理效益的好武器。每天找几个孩子聊天，了解他们的需求，用不同颜色的纸张记录下他们的建议，适当地展示出来，让他们得到重视，孩子们就会使劲朝前跑。

妙招：班级事务管理贴，开心过好每一天

我有一个好习惯——做任务清单，把第二天要做的事情整理成任务清单，贴在自己桌面上，做完打钩，每天成就感非常强。从上学到现在，这个好习惯让我受益不少。

做班主任之后，我在教室前方准备了一个小白板，把班级每天要做的事情做成"任务清单"，贴在上面。红色的是给班委干部的提示，蓝色的是给学科组长的任务，黄色的是给小组长的安排……孩子们不用看具体内容，光看颜色，就知道哪些工作和自己有关。如果是给具体某一个干部的任务，他们就会自己撕去任务。如果是给某一个群体的，如学科组长的，他们就会在第一节课前开会布置。

当天晚上，他们会把自己落实的情况，用相对应颜色的便利贴写好，贴

在白板上。我们把它叫作班级事务管理贴。这种管理贴非常好，可以一目了然地看到必须完成的工作，避免漏掉重要任务，提高工作效率。

后来，我还拓展了一个做法，在小白板上分成三栏：每日任务清单、每周计划清单、每月要事清单，班级大事早知道，干部们更好应对。每天扫描一下任务清单，就能够轻松地判断任务优先级。完成任务时，将其从清单上撕去，全班都会有成就感。

期末的时候，我再给同学们一个"要事总结整理清单"，分成五栏，全班一起复盘本学期得失，把那些大家都认可的事情坚持下去，把大家觉得形式主义的部分去掉，把每个人都想做的事情寻找出来。孩子们觉得自己班级比别的班级棒多了，因为每件事情都是他们自己认可的。

"要事总结整理清单"分栏如下。

做过，感觉好，可以坚持的	做过，但没有意义，可以删掉的	做过，但是有缺陷，需要完善的	没有做，但是有意义有价值的	其他灵感或火花
如课前5分钟演讲；每周观察。	如单纯情况通报和单纯成绩排名。	如如何做好学生职业生涯规划。	如分享式家长会。	如一日常规可否做成课程？

绝招：活力型班级管理模式的七个要点

有活力的管理模式可以避免个人能力的不足。一般来说，活力型班级管理模式有下面七个要点。

1.竞争型干部队伍。不少老师习惯于用传统的一套班子到底的管理模式，这样很难唤起学生参与的积极性。为什么？没有新意，缺乏激情。建议采用"在野""执政"两种有竞争趋势的干部管理队伍，一个学期竞聘一次，相互盯着，相互比赛，班级管理效果好。

2.学习型小组建设。学习型小组建设的特色是围绕学习为中心建设好小组，采用日常管理、学科学习、课堂研讨三位一体的机制建设（详情见第一章"三位一体"小组分工，本文不再赘述）。

3. 精细化操作措施。班级管理唯有精细到细节操作才具有管理价值，为此，我们要细化部门、小组和每个同学之间的任务，倡导"官方岗位"和"民间岗位"相结合的方式，把班级日常管理要求落实都每个人每件事情上去，并出台具体的考核标准。如"一周行为习惯"和"一日学习品质训练"，重要内容贴到墙壁上，从早到晚，狠抓细节落实。

4. 活力型民间社团。民间社团是学校生活中的盐，没有民间社团组织，学生的学校生活就没有味道。班级要采用自组织方式，让民间社团喷涌出来。班主任搭台子，不设条条框框，班级社团"冒出来"越多越好。我们曾有一个班级诞生了配音社、诗歌社、篮球社、围棋社、汉服社、轮滑社、烘焙社、辩论社、书法社、摄影社、街舞社等11个组织。

5. 生长型德育课程。班级与众不同，学生参与管理的积极性就特别高，效果就好。我们要规划出小学六年、中学三年的德育课程。每个学期都有重大节日活动，孩子们喜欢，参与管理的积极性就高，老师说什么，他们都乐意去做。

6. 晋级型奖励措施。奖励永远是激励学生不断提升管理效益的好办法，但是，不管怎样创新的奖励办法，学生都会厌倦。克服审美疲劳的，就是建立有晋升机制的奖励机制，让学生一个学期都努力奔忙。这类方法很多，第一章"小组晋级榜激发每个孩子的积极性"里有不少方法，大家可以参考。

7. 品牌型班级文化。缔造一个班级愿景，拥有一个共同的班级名字，唱响一首原创的班歌，绘制一个班级图腾（班徽），传承一种班级精神，喊响一个班级口号，打出一面特色班旗，穿着一件喜欢的班服，共同过一个班级生日……这些文化元素，最终会缔造一个品牌型班级。一旦班级拥有了品牌，学生就会拼命维护她、保护她，班级管理效益也就出来了。

2 学生上课老想睡觉怎么办

> 我有一个学生,一上课就睡觉,但是课间又生龙活虎。我说你不能这样。他说上课的时候也对自己说不要睡觉,就是控制不了。请问,学生上课睡觉,该怎么处理呢?
>
> ——安徽芜湖　薛小芬

稳招：应对学生九种类型上课睡觉的策略

1. 过劳性睡觉——首防猝死。有些孩子因为过度上网打游戏、有些孩子过度学习,或者有些孩子因为长途旅行连续性熬夜,都可能造成过劳性睡觉。这时候我们要警惕过劳导致猝死。班主任一旦发现孩子站着都睡着了,或者睡得摇不醒,就要马上打电话询问家长,让家长及时将孩子接回去休息和治疗。

2. 疾病性睡觉——及时送医。有些睡觉,是孩子身体疾病的表现,分为发烧和不发烧两类。发烧型一般和传染病、突发性疾病有关,遇到这类学生要及时送医。不发烧的和慢性疾病有关,也要告知家长及时送医。

3. 消化性睡觉——休息一会儿。这类睡觉有一个典型特征:吃饭之后特别容易睡,呈现在三餐之后。遇到这类学生睡觉,让他们休息一会儿,一般半个小时之后就好了。

4. 厌学性睡觉——帮扶辅导。像本节案例中提到的,孩子下课生龙活虎,上课就睡,典型的厌学性睡觉。这类睡觉具有经常性,孩子不想学习,就会装睡、想睡,或者做别的事情,甚至违纪、捣乱。对这类学生,老师要积极帮扶辅导。当他们对学习感兴趣,睡觉情况就会得到极大改善。

5. 沉闷性睡觉——调整授课。这类睡觉表现在特定课堂,某个老师授课平淡，或者老师自己没有精神，结果学生睡倒一大片。这类睡觉，老师自己要注意调整授课内容和节奏，让课堂丰富有趣。

6.适应性睡觉——提供方便。这类睡觉有个特点，就是学生平时也认真，但是会在课堂上坚持不了，需要休息一会儿。有一个叫柳强的孩子就这样，最后我们安排同桌提醒，每天让他睡10分钟，及时叫醒，效果非常好。最后柳强考上了湖南大学。

7.学困性睡觉——重点帮扶。这类睡觉的特点是孩子不经常睡觉，只在学不会的学科课堂上睡觉，其余的不睡。这是孩子在求救：我不行，您帮帮我。对于这类学生，我们要重点帮扶他该学科的学习能力，并给他输入积极的心理暗示，如"我喜欢数学（该学科），数学（该学科）让我成绩提升很大"。

8.对抗性睡觉——纪律处分。这是装睡，或者说对老师表达不满。对这类孩子，要多积极沟通，把心结打开。

9.轻疲性睡觉——转移疲倦。这类睡觉和第一类不同，睡一会儿就好，甚至不需要睡觉，巧妙地转移一下他们的注意力，就能够让他们满血复活。方法有：请他们帮我们做一件事情，捉了他们的瞌睡虫；唱一支歌，或者吃点东西，运动五六分钟，或者闻一闻风油精，洗冷水脸等。

妙招：防止学生上课睡觉的27个小妙招

一、习惯养成篇

1.培养班级良好的精气神，精神越昂扬的班级，同学们越不容易睡觉。

2.平时让手动起来，比如说做笔记，忙得没有心思睡觉。

3.少吃淀粉类食品，多吃蛋白类食物和蔬菜，不容易犯困。

4.告诉孩子们按照90分钟一个睡眠周期安排，确保睡眠质量。

5.保持积极的心情，开朗乐观，烦躁郁闷也容易睡觉。

6.养成一颗积极上进的心，上进的人总是精神振奋的。

7.提醒家长督促孩子准时作息，不允许熬夜。

8.早上组织学生锻炼10分钟，早上精神状态好，会影响一整天。

二、专题预防篇

9. 课间组织孩子们看爆笑小视频、漫画,活跃气氛。

11. 一般在上下午的第二节课之后全班课间统一时间小睡。

12. 多给予孩子们表扬,当大脑感到快乐时,就容易分泌多巴胺,孩子们就会兴奋起来。

13. 课上提问孩子,用任务促进孩子思维发展。

14. 吃零食,会提升兴奋度。

15. 打开窗户,让空气流通,身心舒服不容易睡觉。

16. 组织同学们朝窗外远望,绿色景色有益于减轻疲劳。

17. 请孩子分享课堂感受,或者他的小感受,紧迫感会让孩子集中注意力。

18. 课间组织大家统一运动,注意力转移之后就不会想睡觉。

三、课堂调整篇

19. 跟着劲爆的音乐跳舞,不会也没有关系,"群魔乱舞"也挺好。

20. 湿巾纸洗脸,不需要离开座位。

21. 做有氧深呼吸,全身挺拔,深呼吸几分钟。

22. 双手搓热,然后搓脸几分钟。

23. 安排同伴提醒,一旦睡觉,提醒自己想办法调整,例如站一会儿听课,座位上动一会儿。

24. 做叉手运动。反复交叉几次就感觉轻松了。

25. 让学生给自己身体刺激,比如掐手指、掐腿,转移想睡觉的注意力。

26. 学生一想睡觉,老师就带着大家唱节奏明快的歌,高音歌曲也挺好。

27. 准备几个笑话,听完后,孩子们瞬间不想睡觉了。

绝招:充满精神的人能把"瞌睡虫"赶跑

上课时,常常看到学生趴在桌子上睡得直流口水。这种情况很正常,学生正处在长身体的阶段,每天摄入的食物,除了供他们一天的日常消耗之处，还要供他们发育成长，孩子容易疲倦。遇到这种情况，请不要过分责备学生。如果某个学生经常这样，请告诉家长注意加强营养。

但这是课堂，呼啦啦地睡倒一大片，无论是哪个老师，都提不起精神。老师提不起精神，下面的学生也会受感染。不信你可以做一个实验：你上课时试着打一个大大的夸张的哈欠，保准你班上马上就有人作出反应，然后就是三五个学生跟着打哈欠。人的精神状态很容易传染，尤其是疲倦心理，更加容易感染别人。所以，如果你发现有学生在课堂上睡觉，消极的做法是让他睡吧。之后，你就会发现，想睡觉的同学会更多。

也有些教师，一旦发现学生打瞌睡，就猛喝一声，把人家搞醒。更有甚者，让人家站起来亮相。这也是一个方法，问题是这会让同学很没有面子，思想闹情绪不说，脑袋也还是迷迷糊糊的。你在上面讲课，人家看你那是标准的"双眼皮"——一双眼皮在打架，他眼中的你是模糊的两个影子呢！

我平时的做法是，如果只是一两个学生想睡，我会走到他身边，很温和地问他，是不是要到我办公室的桌子上趴一下，感觉到精神好了再来，课堂上就不要强打精神了。因为过于劳累，确实需要休息。我有一个学生，有一段时间他妈妈住院了，晚上他要照顾妈妈，白天上课的时候就老打瞌睡。开始的时候，任课教师责备他，罚他做作业。他是个听话的孩子，性格有点儿内向，罚了就罚了，自己也不主动说。我觉得奇怪，家访时才知道事情的原委。后来，我对任课教师讲好话，让他睡一会儿。

这些方法都有点儿消极。积极的做法是，努力把"瞌睡虫"赶跑。上午第四节课或者下午第一节课，下面有人昏昏欲睡时，值日班长就会举手说："唱支歌吧！乐和乐和。"

我说好，接着我宣布："全体起立！抬头，挺胸，深呼吸！"睡觉的同学也被喊起来，迷迷糊糊地跟着做。

然后，学生跟着我一起，握起拳头，振臂高呼三下："耶——！耶——！！耶——！！！"要是能够蹦起来，效果就更好了。

这样振臂三呼之后，你会发现，课堂气氛活跃了，人也精神起来了。精神起来的人，是完全可以把"瞌睡虫"赶跑的。于是，文娱委员带头歌唱。唱完了，再也没有人睡觉了。

3 如何妥善处理学生违纪问题

> 学生违纪是一个十分棘手的问题。不处理,违纪现象就会蔓延,最后会让班主任不好收拾;处理过严,会让学生产生逆反心理,甚至和你对着干。我见到过好多对学生严厉的班主任,因为他们没有妥善处理好学生违纪问题而造成工作被动。怎样处理学生违纪问题才是最妥当的呢?
>
> ——云南曲靖 刘红梅

稳招:批评学生应该有一个底线

违纪处理离不开批评,但批评也有一个底线——不能超过学生的心理承受能力。如果超过了学生的心理承受能力,批评所带来的后果是严重的。批评之前,应该讲清事理,说明为什么要他接受批评;批评之后,还应该注意心理疏导。只有一手抓批评,一手抓教育疏导,违纪事件才能得到妥善处理。

在工作中,我逐渐摸索出批评学生的一些基本原则。

一是批评时要秉持一颗热爱学生的心。因为有爱,学生原谅了我的严厉;因为有爱,迷途的孩子承认了错误;因为有爱,我和孩子们一起拥有了未来。有这么一句话,因为爱,即使是你打孩子,孩子也会认为你对他们好。如果没有爱,即使你善意地提醒他们,他们也会认为你在挑刺。这就是有爱和无爱的区别。

二是批评时不能伤害学生的心灵。批评要触及灵魂,但是不能够伤害他们。你伤害了他们,他们就和你对立起来了。

三是批评一定要公正、公平。两个学生犯同样的错误,如果老师只批评了其中一个学生,而没有批评另外一个学生,势必会引起孩子们的议论。被批评的孩子会很不服气,甚至心存怨恨;而没有挨批评的孩子就会原谅自己,甚至产生一种特权感、优越感,从而弱化改正错误的意识。长此以往,批评本身就失去了教育意义。

四是批评不能涉及智力因素。换句话说,我们只能就孩子道德品质上的错误进行批评教育,而不能就孩子智力上的差异对他们进行批评。有些孩子的记忆力较差,我们不能让他们跟成绩优秀的学生一样背诵完多少课文,背不完就罚抄、罚写、罚劳动。这样的批评并没有多大的意义,只会让孩子们感到前途无望。

五是批评时不能带感情色彩,尤其不能情绪化。因为激怒而没有原则地批评学生,只会让学生对你失望,并不能带来一点好处。

妙招:颁发"零违纪"大奖

学生经常违纪确实很麻烦,有没有办法让学生不违纪,或者尽量少违纪?这就是我们班主任的工作思路所在了。我们不能只把目光盯在违纪处理上,更好的办法是让学生不愿意违纪。

每次在说违纪事件的时候,都有学生说:"如果我们不违纪,有没有奖励?"在传统观念中,遵守纪律是本分,从来没有过奖励。其实,这种想法是不对的,人家不违纪,要损失很多快乐,要克制很多欲望,孩子做得不容易。

因此,我果断地说:"不违纪,当然有奖!"

"一个学期不违纪呢?"

"给予一个重大奖励!"

"一年不违纪呢?"

"更要重奖!"

于是,我们班出台了"零违纪"颁奖制度。明确规定:一个月不违纪,就能够在操行评分上加100分;两个月不违纪,分数翻倍;一个学期不违纪,每人奖励班级积分1000分。

别小看我们班的 1000 分，可以在班上购买很多特权服务的。比如说选择想坐的座位一次，或者送给好友一次奖励的机会，好多这种孩子们喜欢的奖励。

如果一年没有违纪，那就是我们班的守法模范，我们要举行盛大的颁奖典礼，邀请学生家长参与。零违纪的孩子可以自我申报与零违纪有关的荣誉，用他们喜欢的荣誉奖励自己。如果连续三个学期不违纪，除了荣誉命名之外，还可以申请想要的 50 元以内的物质奖励。

连续两年不违纪，就是我们的榜样之星，条件优秀的可以申报为学校三好学生……

心理学上有这么一个规律：您关注什么，您就看到什么。我们提倡什么，班级就会朝向什么。零违纪奖励，让孩子们的目光聚焦于"我怎样不违纪、怎样才能够零违纪"。不少孩子还给自己制定了"远离违纪的 N 条策略"。正面做法越来越多，违纪现象就会越来越少。

绝招：只抓为首的少数几个人

在好些学校我都看到过这样的情况：一些班主任为了严肃班级纪律，往往喜欢一次从班上拉出十来个违纪的学生，让他们去教室外站着挨罚。

对于这样的惩罚方式，我总觉得不妥。有句俗语叫"法不责众"，意思是说再严厉的法律，也不把惩罚面扩得很宽。你看那些一次从班里揪出很多犯错孩子的班主任，有几个把孩子管住了的？没有几个啊！

在很多孩子看来，站在教室外边接受惩罚倒成了一件很快乐的事情。我亲眼看见一些孩子趁老师不注意的时候，对那些坐在教室里的孩子挤眉弄眼，嘴里还说着"看老班能把我们怎么样？我们不进教室舒服多了"。一些本来就不想听课的孩子，还很羡慕那些在教室外边受处罚的学生。为什么？人家自由啊，可以在那有限的区域内舒展舒展筋骨啊！

一次惩罚很多人，往往会降低甚至抵消教育效果。一位老师告诉我，他曾经在班上推行罚打扫卫生的措施，可是没有多久就取消了，为什么呢？因为劳动量太小，违纪学生太多，让很多学生去做一件小事情，结果就没有惩罚效果了。好些孩子甚至还很喜欢这种惩罚。因为那些违纪的学生，本来就不是很喜欢读书，这样一次惩罚很多人，不就等于给他们放假吗？

无论班上违纪的学生有多少，我一般都只抓住为首的少数几个人处理，这不是公平不公平的问题，也不是我过分宽容，而是教育的需要。人是有羞耻心的，如果你一次只在班上惩罚一个孩子，你还没有说出惩罚措施，众人盯着受惩罚的孩子，那种感觉就足够让违纪的孩子难受的了。他们坐也不是，站也不是，还要偷偷地注意别人的表情。你说，这样的惩罚能没有效果吗？

哪怕班上出现群体性违纪事件，我也只抓几个处理。把为首的几个人抓住处理了，就能够起到威慑作用。

4 如何有效地落实惩罚措施

> 教育离不开惩罚，有违纪行为，就要有相应的措施来矫正。可是，我们也惊讶地发现，好多老师的惩罚措施落实不下去，很少有能够达到教育目的的。如何有效地落实惩罚措施成了一个难题。请问，应该怎样惩罚学生呢？
>
> ——湖北孝感　王丽霞

稳招：能够实行的惩罚才有效

被罚者心悦诚服，主动改进；施罚者心怀坦荡，没有后顾之忧；那些旁观的学生也能够受到相应的教育，从而形成良好的班风——这样的惩罚才是最理想的。怎样实现呢？

1．"罚则公认"，即所有惩罚制度必须得到全班同学的认可。这一点很重要，既能够让班主任很轻松地执行惩罚措施，又能对学生进行法制教育。可是很多班主任制定惩罚措施时没有考虑到这一点，他们只会从自己的主观愿望出发：想对什么事情进行惩罚，就在班上公开说明；想对什么人进行惩罚，就把人家抓来骂一顿。惩罚前没有跟孩子们说清楚规矩，你说，他们又如何心甘情愿地接受惩罚呢？

2．"罚理清楚"。我在惩罚学生之前，一定会找学生谈话，告诉他我为什么要惩罚他、希望他怎么做……思想工作做通了，学生也就比较容易接受惩罚了。在很多时候，我和学生聊惩罚理由，说着说着，他们自己就表态了："放心吧，我一定做到！"

3．"罚项科学"。这要求我们抓住三个关键：一是对学生之间的差异一定要了如指掌；二是要尽量让所有学生感到惩罚比较公平、公正；三是惩罚措施要有所区别，要有可操作性。如果不分男生女生，一律迟到罚跑5000米，不仅违规，涉嫌体罚，还可能会出事。

4．"罚机适宜"。惩罚要选择合适的时机和适当的场合，切忌随意进行。有些事件清楚明了，当场施罚更具有教育意义，做"热处理"的效果更好；有些问题情况复杂，需要做深入的调查分析，进行"冷处理"可能更妥当。有些差错具有代表性，需要提醒所有的学生注意，在公开场合宣布惩罚能起到警示的作用；而对某些个别的、偶然出现的现象，在小范围内解决就可以达到预期目的。

5．"罚度准确"。惩罚过轻，起不到惩戒的作用；惩罚过重，则容易导致受罚人内心不服。惩罚的强度达到刚能唤起所需要的行为和阻止不需要的行为时最为理想。据报道，某校一名班主任，未查出哪个学生丢弃了一个塑料袋而影响本班在卫生检查中的得分，一气之下，竟剪碎袋子，强令全班学生分而吞之。这样的惩罚，且不说效果如何、教育目的达到没有，单是惩罚本身就是违法的。违法的惩罚，是必须杜绝的。

6．"程序清晰"。我班上有一个惩罚意见反馈模式——二次申诉，即任何一个孩子犯了错，惩罚前后他都有机会向我申诉。惩罚措施已经出台，并且惩罚对象没有在规定时间内提出申诉，这时惩罚才按照规矩进行。这样就可以避免班主任因为情绪冲动而错误地处罚学生，为学生维护自己的正当权益找到了一个制度上的依靠。

做到上述六点，我相信每个班主任的惩罚措施都能够得到有效落实。

妙招：朗读班级励志誓词

惩罚能不能让人愉快，让人充满正面的、向上的精神力量？我相信这种措施不仅有，而且应该成为我们教育惩罚的主流。魏书生让受罚的学生唱歌、表演节目，就是这种惩罚的模范。只能说这达到了愉悦的目的，正面的精神充电还不够。要让学生在接受惩罚的同时进行精神充电，朗读班级励志誓词是一个不错的主意。

在我带的班上，有谁违反班规或者是做了有损班级形象的事，我们就责令他带领全班同学朗诵我们的班级励志誓词。

我生活在一个积极、健康、和谐的班集体中，我决定用自己的一举一动来维护班级荣誉，塑造自己良好的社会道德形象，决不做有损班级形象的事情。

我时刻记住父母的期望、老师的教育和自己肩负的责任，我有义务努力学习、积极工作、主动奉献，有责任提高自己的生命质量、延长自己的生命长度、活出生命的精彩。请家长和老师们放心，我们能够做好自己！

无论昨天怎样，今天我庄严地宣誓：我能够做得更好！

这段誓词不长，是学生们自己拟写、讨论通过的，很容易记忆。犯错的学生往往能够一字不错地背诵。曾有同事质疑我的做法是否有效，事实证明，每个人心中都有向善的力量，班级誓词唤醒的就是他们主动改错、主动承担的精神，这样很多问题往往很轻松就解决了。

绝招：二选一，你还有什么话可说

我喜欢跟学生商量惩罚措施，而且总在惩罚学生之前，给他们提出两个选项。比如说一个男生忘记值日了，早上大家进教室的时候发现卫生状况不好，怎么办？把违纪的学生找来，跟他商量具体的处罚措施："你是主动承担一个星期的卫生值日，还是补扫一天并向同学解释未值日的原因？""主动承担超额任务体现出一个男人的担当，虽然难度大一点，但是能够体现出你有错即改的精神，补扫一天是义务，应该接受，解释原因才是惩罚，没有为难你吧？"

嘿，你还别说，每次我这样做，学生都很乐意接受。甚至有学生当面向我保证："郑老师，你是第一个跟我商量惩罚的老师，就冲这一点，我接受惩罚！"

实在有学生在思想上转不过弯来，我就反问他："二选一，你还有什么话可说？"

他想想：是这个道理啊！违纪总是需要承担责任的，那我就选择其中一项吧。无论学生选择什么，都达到了我的惩罚目的。

5 如何给学生打评语

> 打评语是一件苦差事,要把学生一个学期的表现在方寸之地里展现出来,而且要恰如其分,还真不容易。况且现在的家长和学生对老师的期待高,写得稍微格式化一点,他们就有想法。请问,怎样才能让评语有特色呢?
>
> ——江苏淮安 刘丽萍

稳招:好评语的七字法则

现在做老师真卷,一个评语都弄得花样百出,没有点儿才华还真不行。问题是,尽搞花样家长和孩子买账吗?不一定。其实,期末评语做到下面七个字,孩子和家长都很喜欢。

第一是"真"。真实情况,真实评价。评语是一个学期终结性评价,自己做得怎样,学得怎样,老师最后会给他们一个什么样的评价,孩子和家长是很在乎的。我们必须怀真情、说真话、诉真事、表真意。张冠李戴、大家都一样,或者说放之四海而皆准的话,孩子和家长是不期待的。

第二是"准"。贴近学生,精准评价。评语的作用不是终点评价,而是再出发,是我们基于孩子的发展,给他树立信心,扬长避短,成长为更好的自己。每个孩子都是不同的,我们的评语每句话都能够让孩子找到自己身上的事实依据,他就会对我们心服口服。如果将过程性评价和结果性评价相结合,效果会更好。

第三是"正"。正确理念,正向引导。不管多么优秀的孩子,都有好的一面，也有不足的一面。那么，如何客观评价呢？我们要注意正向引导。不管孩子有多大的问题，我们都要给孩子以希望、以收获、以肯定。万一遇到绕不过的大缺点，把我们期待的行为，用表扬的方式说出来。比如孩子情绪容易激动，我希望他冷静，我就描述他"那次和同伴发生矛盾，您冷静时可爱的样子，让我看到了自制对一个人的伟大力量"。我的底线是：如果我不能针对问题给出好的解决方案，我宁可不说，不然意义不大。

第四是"诚"。待人以诚，说事以诚。对家长和孩子提要求，要符合实际。过高的要求落不到实处是没有意义和价值的，过低的要求会让孩子和家长觉得您看不起人。诚心诚意，心怀虔诚，发自内心的赞美，哪怕语言再朴实无华，说得有依据，说得有感情，孩子和家长都喜欢。

第五是"亲"。亲切亲和，富有力量。对孩子产生作用的，一直不是严格严厉，而是温暖亲切。我们写评语的时候，最好假设一个场景：孩子和家长就坐在您面前，你们在亲切交流，诉说这一个学期的收获和体会。进入这种情景之后，我们自然就会使用平等交流的语气，使用直接和对方说话的词语。只要这样的评语，才能够打动孩子，打动家长。

第六是"稳"。公正公平，稳重大气。一个学期结束了，老师们不要老想着治病救人，一定得把孩子的问题揪出来，才是对孩子负责任。如果孩子能够改正了，人家早改正了，不差评语这儿。评语可不像说话一样，评语是白纸黑字，万一对孩子有伤害，那是长久性的。我们要看主要优点，作发展性评价。

第七是"新"。样子出新，说法出新。尤其是对同一个孩子的评语，一定不能连续两个学期是一样的，否则孩子和家长就会认为我们敷衍他们。怎样出新呢？一是做法出新。晒成绩、晒做法、点赞、师生互评、邀请家长参与评价，都可以尝试。二是内容出新。发现学生本学期新优点，看到他新的努力，"让孩子的努力被看见"，他们就会更加努力。三是形式出新。第一次用散文，第二次用诗歌，第三次用书信体，第四次用嵌名。当然，所有的"新"，都要基于给孩子和家长最好的体验，不一定非得要标新立异，过犹不及。

妙招：细心赞美孩子们的点滴进步

对于写学生评语，我给自己定下了三条规矩。

第一，绝不用格式化的语言去评价任何一个学生。如果谁发现我用"该生在校表现……"开头写评语，就检举、揭发我。我给自己定的处罚标准是用10种不同形式的评语去评价同一个学生。

第二，写评语时，假想自己与家长、学生面对面交流。这样，那些"该生"等第三人称的词语就彻底离开了我，取而代之的是亲切的第二人称。我常常假想他们就坐在我的对面，我们在诚恳地交流一个学期以来的心得体会。

有时我这样写道："只要提起你，老师和同学都会夸你聪明能干、虚心好学。你关心集体、热爱劳动，是同学的好榜样；你身为班干部，严格要求自己，工作认真踏实，是老师的好助手。如果能与'小马虎'永远分手，那么更多'第一'将会属于你。"

学生的通知书到了家长手中后，他们可以共同欣赏、研究。有一个家长是一位机关干部，他看到孩子的评语后，第一感觉就是羡慕，当天晚上就打电话给我，说他好羡慕孩子能够碰上我这样的班主任！我很感动，这些话语激励着我继续努力。

第三，评语要充满激情，能激发家长、学生的积极性。时刻要让他们有这样一种感觉："老师在时刻关注着我们的成长！"所以，我会努力而真诚地赞美他们的优秀品质、他们的努力精神、他们身上的点滴进步。

比如，我会这样给学生写评语："总想起你认真搞卫生的情景，是那样感动着我。同学们都走了，你还在用手擦拭着桌子上的灰尘，把地上的脚印拖干净。没有人看见的时候，你还在为集体付出着你的努力。这就说明你是一个有强烈责任心的人！感谢你这些细心的行为为班级赢得了荣誉。有这种责任心的人，还愁成绩上不去吗？过去的这一个学期，我时刻关注着你的进步，事实证明，我的判断没有错。好样的，小鹏程。"

不要以为这是为一个三好学生写的评语，实际上这是我为一个普通孩子写的评语。但是，我相信他会进步的。事实证明，我的判断还真没有错，毕业时他被评为"市三好学生"。

绝招：我们一起写评语

放假之前，"我们一起写评语"成为大家共同关心的一件大事。大概有一个月的时间，具体操作流程为：

首先学生自评，然后小组互评；这期间可以邀请一至五位好友客评。这样让大家看到更为丰富多彩的自己。自评、互评、客评是孩子们的主场，他们写得文采飞扬，大家可以参看文后表格。

同伴评价之后，孩子们邀请自己喜欢的任课老师给他们写评语。为了不增加老师们的负担，这个和导师评语二选一，培养孩子向上沟通的能力。

最权威的是班主任给孩子写评语。为更加客观，我们先请孩子站在教师的角度，自己拟定学期评价，同伴审核后给老师作参考。这样，我们从另外一个视角，看到孩子对自己的定位。

最后一个环节，是家人给自己评价，这个重在亲情鼓励。我对家长们说，家是讲爱的地方，爱要重于道理。

当然，我们还拓展了一个思路——让孩子邀请社区人员，或者校外熟悉的人给自己作评价，让孩子看到另外一个自己。

具体来看一个例子：筱新新八年级上学期成长足迹·期末综合评价。

学生姓名	筱新新	家庭地址	郑州市高新区凌霄路一号		
评价期间	八年级第一学期	学业成绩评价	AAAAA	综合素质评价	★★★★★
星级荣誉	历史获得	已获"学习之星""文明之星""勤奋之星""纪律之星""健身之星"			
	本期获得	拟申报为学校的"创新少年"			
学生自我鉴定	本学期我做得最满意的事情：当然是我的成绩进步了，分数就是硬道理，哈哈哈！然后是我成功地策划了我班的"特产超市"，义卖会上让我们班在全校出尽风头。还有，我写的校名被挂在学校门上一个月！ 我最喜欢别人评价我：你真是一个受欢迎、有力量的人。 如果时间重来我最想做的事情：包出冬至节好看又好吃的饺子，嘻嘻。				

续表

好友印象	我有挚友叫新新，全校师生知大名。 勤奋慧学成绩好，心怀大志像雄鹰。 平时锻炼不松懈，举手投足似明星。 更喜谦和有才华，吾辈结交三生幸。（好友郑小创）
组内同伴互评	新新表现我来说，天天见面体会多，归根到底一句话：不错！ 学校本期做义卖，班级方案她定夺，最后效果怎么样？爆火！ 分享学习谁活跃，新新引导当楷模，每次我组走上台，叫座！ 课间休息开心宝，聊天游戏悠然过，重拾精神进课堂，真乐！ 实在要求提意见，我们意见就一个，持续发展别熬夜，稳妥！（小组三句半评语）
教师代表评语	语文：你上课认真专注的样子，我很想拍下来，告诉大家，这就是好的学习品质。 数学：你破解了一个遥远的传说，女孩子也一样可以学好数学，我为你点赞！ 英语：下学期还请你做我的课代表，我太省心了。谢谢你，我的小甜心。 生物：悄悄地告诉你，偷偷骄傲一下下——你做的细胞模型，是本届学生中最好的！ 历史：历史学科的思维，就是用历史的观点来看待现实，这一点，我深信你能行。
专任导师评语	新新，我总是想起放学的时候，你在校门外使劲地朝我挥手的样子："老师，明天见！"开朗、乐观，那一脸的阳光灿烂，足以慰藉整个冬天。我很庆幸这个学期被你选为导师，与其说是导师，还不如说是朋友，我们俩用心走过这个学期。你的善解人意，既让我们感动，又让我们心痛，你温暖别人的同时，要注意呵护好自己。正直阳光是你的特质，希望你永葆这种特色。有什么困惑或者喜悦时，记得@我哟！
班主任评语	怎样才能够表达我对你的惊喜，我决定仿写席慕蓉的《一棵开花的树》： 如何让你遇见我 / 在学习最恰当的时刻 / 为这 / 我已在佛前求了五百年 / 求它让我遇到像你一样的学生 / 佛于是把我化作一棵树 / 长在我们的教室旁 / 我们每天心底都开出一朵花 / 朵朵都是未来的盼望 / 当上课铃响，你微笑细听 / 每一次专注的眼神，都是学习的热情 / 每一次你精彩的答问 / 在你身边落了一地的 / 新新啊，那不是花瓣 / 是大家欣赏的目光！
家人评语	弟弟眼中的姐姐：世界上最好最美的姐姐，琴棋书画、说唱运动，无所不能。 妈妈眼中的孩子：你是我的骄傲，新新，感谢上天把你赐予我们，我们以你为荣。 爸爸眼中的孩子：在众多的赞美词中，爸爸看到了你的优秀，但是我们更应该人间清醒，宝贝，让我们拥有荣誉的，不是当下的成绩，而是我们取得成绩之后的行动、努力。永远要思考：我怎样才能够做到最好！加油啊，宝贝。

6 学生上课老是迟到怎么办

> 我们班从开学以来,学生一直迟到不断,我采取了很多办法,都无法杜绝,甚至好些学生都成了"老迟",上课铃响了,可他们仍然慢悠悠的。你说,学生们怎么这么不着急呢?
>
> ——广西桂林 胡凤鸣

稳招:区分不同情况,对症下药

有些班主任总是急于解决问题,却很少弯下身子去了解情况。因此,很多问题总是难以解决。其实,在解决问题之前,我们应该多做调查,只有为学生量身定做的方案,才能够解决根本问题。

对于学生的迟到问题,我是这样做的。

1. 行为习惯不好,老爱磨磨蹭蹭的,促使其养成好习惯。有学生爱逛街,常常因为逛街而迟到。了解原因后,我和家长一起想办法,一段时间内让家长陪同孩子上学,很快,孩子便不迟到了。

2. 身体不好,老爱睡过头的,要告诉家长加强营养,或者带孩子去看医生。低年级的学生,本来就应该多睡觉、多休息。但如果孩子过于嗜睡,那就要考虑其身体问题了。如果因为身体问题而受罚,时间久了,孩子就会身心俱伤。

3. 晚上睡得太迟,起不来的,就弄一个闹钟,或者让家长将其叫醒。有时候因为作业太多,有时候因为家庭临时有事……学生晚上睡太迟了,就应该对父母说,第二天早上记得叫他起床。父母没有时间的,就可以给孩子买一个闹钟。

4. 路程太远的，让他们预留多一点时间。告诉他们别掐着时间赶路，应该提前出发，把路上的时间估算得多一些。

5. 临时性原因造成迟到的，应该想办法帮助其解决问题。一个学生遭遇了家庭变故，父亲受伤，奶奶住院，家庭生活的负担一下就重了。我帮助她解决在学校就餐的问题，帮助她想办法提高家务劳动的效率，并建议其母亲帮她分担，效果很好。

6. 偶尔迟到的，善意提醒就足够了。我问过很多班主任和德育主任：学生偶尔迟到，而且是铃声刚响，他们该如何处理？"问原因""罚唱歌""写说明书""教室外罚站"！以上是他们的回答。我告诉他们，对偶然迟到的学生，我们大可不必这么处理，只要一个善意的提醒就足够了，比如提醒一句"已经上课了，快点"，这更有利于学生快速进入学习状态。

7. 班级缺乏目标的，重建良好班风。我接手迟到问题严重的班级，一个星期之后，迟到问题就解决了，办法很简单——"郑老师的班级是全校最好的班级，怎么能因为一个人迟到而让我们大家脸上无光呢？从明天开始，我们大家一起努力做到不迟到，怎么样？"结果，为做最好的班级，孩子们居然想出了十来个解决迟到问题的办法，迟到现象自然就杜绝了。

我所带的班级，很少有人迟到，我解决这类问题时从不一刀切，因而能得到学生们的积极配合。

妙招：给"老迟"一个伟大的任务

"老师，谌雨今天又迟到了，再这样下去，我们班的评分就会掉下去了！"才下课，班长又来告状了。

这孩子，我都去家访几次了，家长都为难。赖床、磨蹭，他妈妈血压都上升了，没用。我带他看因迟到一分钟没有赶上飞机的视频，讨论过迟到一分钟消防、医疗会有什么后果，他触动一下，两天后就没有用了。

没办法，我请求搭班的曾老师："你们住同一个小区，他也很喜欢您的课，要不，您帮帮我？"

"你说吧，我能够帮你做什么？"曾老师很有责任感，我请他帮忙，他都习惯了。

"我想交给谌雨一个伟大的任务,让他做您的上班助手,每天您带他来上学,怎么样?"曾老师二话没说就答应了。

然后我找到谌雨,郑重其事地"转述"曾老师的请求:"曾老师年龄大了,晚上失眠,早上起不来,想找一个同学做他的上班助手。全班只有你离他们家最近,他想请你帮忙,又担心你为难,所以……"我努力把曾老师的"纠结"说得活灵活现,然后诚恳地等他表态。

他挣扎了好久,彼此都有些尴尬了,他才好不容易点头:"试一试吧。"有戏,我赶紧鼓劲:"肯定能行!"我给他四个锦囊妙计:(1)睡觉前把书包收拾好;(2)对完美果断地说"没关系",告别磨蹭;(3)提前给曾老师打电话,预约到达时间;(4)估计好电梯高峰期的时间。确保一点,不管自己有多难,都别让曾老师丢脸,因为老师迟到太有损身份了。

第二天谌雨走马上任,出发前打电话,曾老师惊喜地说:"太谢谢你了,小雨!如果你不打电话,我还真来不及。"到校之后,曾老师说:"为了感谢你帮我,我今天请你去教师食堂吃早餐!"谌雨惊喜得手足无措。

就这样执行了一个学期,通过"早起策略+任务驱动+早餐奖励",谌雨再也没有迟到过。他父母说:"感觉谌雨像变了个人似的。"人生难得遇知己,知遇之恩、委以重任,有几个人能够抵挡住这种信任?

绝招:找个机会让他们卷起来

刚参加工作的那段时间,我真心感觉自己是卷心菜,面对班级问题和学校考核指标,又卷又菜。不过,偶尔也有意想不到的快乐。

那天,惩罚两个迟到的同学在办公室里写"怎样才能够不迟到的N条措施"。我才出去一会儿,回来两个人就吵架了。一问原因,让我哭笑不得,原来,两人在互相鄙视谁迟到次数多。先进教室的同学还挺有优越感:"我就比你先到的,怎么了?"

"这不是五十步笑一百步吗?"我纳闷地问。

"才不呢!在森林里遭遇饿老虎,我只要跑得比他快就行了。"

还有这道理？我当即对他们俩说："今天你们俩谁也不服气。这样吧，从明天早上开始，谁到得早，谁就有权利要求对方认输。好吗？""赢的有奖励吗？"

"当然，你们自己可以约定，由输的一方负责。"

两人一听，当即停止争吵，商量起奖励方式来。我作为见证人，让他们俩当场签约。

放学之后，我悄悄地给他们提建议，怎样才能够赢过对方。"反正，你只要比他先到就行。"结果，这个提前10分钟出门，那个就要爸爸骑车送到学校。一个学期，此消彼长，不是这个今天赢了，就是那个明天输了，卷得不亦乐乎。有时候两个人不约而同地到学校，彼此洋洋得意地说："明天吧，明天一定要你输！"

7 自习课纪律乱怎么办

> 我时常为班级纪律而苦恼。当我在班里的时候,教室里一片安静;一旦我离开教室,不超过两分钟,教室里就乱作一团。我总是认为他们不是小孩子了,懂事了,有自制力了,谁知道不是这样的。我苦口婆心地说过,急风暴雨地责备过,也在班里发过火,但一次只能管一天。我疲于应付,身心劳累。各路高手,请发表高见。
>
> ——成长论坛 雨心

稳招:出台自习课的基本规范和操作细则

学生自习课纪律不好,不是因为他们想违纪,更主要的是因为他们不知道怎么做。我曾经观察过一个孩子,自习课他是很忙的,一会儿忙着找资料,一会儿借文具,一会儿请教别人,一会儿又抓耳挠腮思考难题……总之,一节自习课,根本没有停下来,就是没有进入学习状态。

自习课纪律混乱、效率不高、学生茫然无措,是因为任务驱动意识不强、独立自学能力差、缺乏具体指导。因此,我们要做到以下几个方面。

一、给出自习课任务清单

星座班自习课任务清单:

1. 整理补充当天课堂笔记,梳理出难点、重点、易错点和记忆点。
2. 复习近期的教材内容,重点清查自己的概念理解记忆、例题理解等方面。

3. 当天要记忆的内容清单清零，检查自己是否过关。

4. 在规定的时间内完成自己当天要写的作业。

5. 高质量地预习第二天要学习的知识。

6. 有计划地完成自己想发展的特长或者优势项目的学习。

7. 完成其他可以在自习课上做到的事情，比如说活动文案、手抄报、思维导图等。

8. 做好一天学习复盘工作，安排好第二天的学习生活计划。

二、合理切分时间

有了任务清单，再把任务清单完成的具体时间阶段化：例如阅读不熟悉的教材10分钟，整理笔记15分钟，写学科作业40分钟，各类记忆背诵15分钟（英语单词的记忆超过15分钟效率不高），预习20分钟……具体根据能够利用的自习课来设计和安排。当时间落实到以分钟为单位的时候，学生的效率意识就强了。

三、提供必要的技术支持

福格行为学指出，好的行为不会自动发生，我们期待的行为发生必须具备三个条件：强烈动机，足够的实施能力，恰当的提示，三者缺一不可。自习课的强烈动机我们可以用任务的方式明确，足够的实施能力却需要我们来培训学生。

比如，学生作业卡住时，怎么办？我们要给出学生具体的方法。

具体来说有四个步骤：

1. 停下来想一想；

2. 看一看课本案例；

3. 先做其他的题目；

4. 最后再询问老师。

作业太多，或者想法太多，怎么安排任务优先级别？我们给学生提出作业的书写顺序。

星座班作业书写顺序：

1. 先做容易的学科和题目，增强自己的效率感；

2. 把大段时间用在有些难度的学科作业上；

3. 理科作业优先做；

4. 抄写性作业、重复性作业放在最后；

5. 遇到不会的作业先跳过，完成其他作业再说。

看书不动笔，一节课看着一页装样子，怎么办？可以给学生提供教材阅读法：

书看多少遍？至少要四遍！

一轮通读完，逐字圈画遍；

二轮要精读，归纳把握全；

三轮是补读，细节是关键；

四轮回忆读，不懂马上看。

这样的技术支持有很多，如预习的基本要求、5R笔记法，我们把这些都贴在教室墙上，学生一眼就能够看到。

四、落实基本的自习课纪律

我一直提倡，纪律要求要落实到实施层面，不能够停留在对学生说"不"的层面。不允许说话、不允许离开座位、不允许……只有不允许，没有"该怎么做"，自习课的效率是不会高的。效率不高，违纪就成为孩子们一定会做的事情。因此，我们要给学生恰当的好行为提示。

比如自习课桌面要求做到"三有三无"（目的是培养专注的习惯，别东翻西看）：

三有：有当时要写的作业、当时要看的书（含教材教辅）、当时要用到的文具。

三无：无水杯、无杂物、无与当时要学习的科目无关的教辅教材和资料。

备注：电子产品在非学习使用期间一定不能够放身边。

比如 1 分钟效率法：前面黑板上的多媒体屏幕用倒计时的方式，显示自习课剩余时间。1 分钟没有进入学习状态的同学，要给自己以惩罚。最好的办法是，拿出当天要记忆的英语单词或者课文，立马记忆起来。谁超过 1 分钟，谁自我解决。

妙招：给学生两个高效时间管理表

给荒芜的土地种上庄稼带给我们一点启示：让学生在学习的事情上忙碌起来，他们就没有精力破坏纪律了。

下面两个关于学习的时间管理表格，可以让你的学生自习课的纪律好起来。

一、时间切分和利用表格

这个表格使用很简单，以精神状态好坏为纵坐标、时间集中不集中为横坐标，把我们一天能够使用的时间分成黄金时间、积累时间、反馈时间和收纳时间等四个时间段。

	大块时间	零碎时间
有精神	黄金时间（高强度限时训练），如第一二节自习课，重在接受新知、检验已有知识精准度。	积累时间（零散记忆和背诵），如早自习课，重在小知识点、非系统的知识点的记忆、复习和积累。
没精神	反馈时间（归纳总结和调整），如最后一节自习课，重在梳理、归纳、抄写和计划。	收纳时间（阅读整理和积累），如自习结束前、睡觉前、吃饭前，重在不浪费时间，养成珍惜时间的好习惯。

二、要事法则表

要事法则表，又称时间管理表，即按照重要、紧急度区分，把时间分成重要又紧急、重要不紧急、不重要但紧急、不重要也不紧急四大块。自习事情安排如下：

	紧急	不紧急
重要	必须马上做： 考前复习、当天作业、作业订正、试题纠错、知识过关、志愿填报、当日复盘、试卷分析、整理书包。	长期坚持做： 及时预习、学科思维训练、英语词汇记忆、文科知识积累、学习品质训练、错题整理、及时休息、锻炼身体、学科研讨、与亲人沟通聊天。
不重要	委托别人做： 卫生检查、给别人开门、接快递、收送作业、班级临时任务、做家务、计划外访问。	坚决不做： 闲聊、看手机、吃零食、喝水、看电视、打网络游戏。

配合时间管理，落实"要事第一"有三个法则。

1. 复习优先：不管多忙多累，抓紧时间把老师讲的在脑海中过一遍，加深理解和记忆。

2. 落实优先：做任何一项作业，抓住前面15分钟，1分钟进入状态。

3. 纠错优先：考试或写作业，发现错误，第一时间纠正错误。

落实"要事第一"的操作方法有以下几种。

1. 要事第一，理清顺序；防止感染，关闭手机。

2. 不看心情，做着入境；交替学习，当作休息。

3. 中途疲倦，捂耳扣脑；如听天籁，激情重烧。

绝招：安静中倾听心灵的声音

"今天下午你去哪儿了，我找了你好久，没有看见你。"
"请你把纸条传给王小红，我有事情跟她说。"
"最近烦躁死了，想找人说说话。"
……

每天搞卫生时，总能够从我班的纸篓里倒出许多这样的纸条来。你不要以为是学生谈恋爱传递的纸条，那是人家在"纸上谈兵"呢！

我反感自习课的时候有人讲小话。安静的环境中，人家原本有灵感，结果被几句吵闹声打乱了思路，心情就烦躁起来，什么也写不出了；明明安静的课堂，大家在做作业，突然有人说话，其他的声音就起来了。你责问他，他还很有理由："我讨论问题，不行吗？"行，你不能说不行，可是你这样表态的时候，那些想捣乱的人可就高兴了，他们又可以浑水摸鱼了。

在教室里自习的时候，能不能既保持室内安静，又让大家讨论问题？我组织同学讨论。方法很多——

"可以把人家约出去。"

"可以等到下课的时候讨论。"

"可以小声说话，耳朵凑在一起就行了。"

……

这些方法都不是很理想，马上就有人反驳。是啊，大家都出去一趟，教室里像什么样子？下课时讨论，时间早过了，完不成任务啊！可以小声说话，具体小到什么程度，谁能够控制？

"可以用笔谈的方式进行啊！"那段时间我们正在学沈括的《采草药》，是《梦溪笔谈》里的文章，有同学就想到了笔谈的方式。对啊，这个方式很好啊！我就开玩笑说："那不就是纸上谈兵！"学生哄堂大笑，最后决定在自习课的时候，全班采用这种方式说话。于是就有了前面所说的纸条。

可这种方法还不是很好，每天要浪费很多纸，有时候倒垃圾，发现全是班上同学的纸条。有人提出建议，每人准备一本专用讨论本，不撕掉，不裁剪，讨论的同学就在上面交谈。"是啊，这样还可以保留很多聊天记录，比QQ还好！"马上就有人赞成。还有人说："如果这样，毕业的时候，每人还可以留几本同学聊天记录作纪念，多好！"看来，大家都比较赞同。

我班的自习纪律一直是全校最好的，别的班级来参观的时候，都很惊奇、羡慕。一个重要的秘诀就是：笔谈避免了第一个人开口说话，没有人开第一腔，自然就没有人接腔，纪律不好才怪呢！

8 学生不愿意值日怎么办

> 有些学生不喜欢值日,一到值日就说肚子疼,或者请人值日。在沿海城市甚至还有父母到学校帮孩子值日的情况。学生不愿意值日,有什么妙招可以解决这个问题吗?
>
> ——宁夏固原　马瑞芳

稳招:让学生享受值日的12条小策略

1. 给他们一个想要的美称。"今天我当家""最美小蜜蜂""最佳环保师"……名字越美丽,越让他们动心。

2. 给值日一个心动的仪式。提前做海报,介绍值日孩子的特长、荣誉和爱好,把他们喜欢的值日格言、宣言、价值追求展示出来,在班上举行值日交接仪式。

3. 把他们的名字装扮展示。用漫画的方式,或者手工制作的方式,在班级最显著的位置,把值日生的名字装扮一下,和他们的相片一起展示出来,让他们成为最亮丽的风景。

4. 拍下值日最美好的瞬间。越注重于他们的认真、较真和创意的照片,他们越在乎。然后将其做成海报、电子纪念册、成长记录书,送给他们。

5. 设立值日的奖励制度。比如表扬、奖章、额外的课间活动时间等,以激励学生参与并完成值日任务。公开表彰可以激发学生动力。

6. 用他们的名字命名好做法。如用孩子名字命名"文具收纳法、黑板清除法、地板清洁法、灯管控制法、窗帘保洁行业标准"等,在教室显著的地方展示出来。

7. 组织创意性比赛和互动。制定有趣的值日任务，比如组织清洁比赛、制作环保海报、设计环境友好型标识等，让学生参与其中并展示创意。

8. 让值日生组建一个团队。如果个别孩子胆小，或者能力不足，可以给他们组建值日团队，以团队的方式互相比赛。

9. 让值日过的孩子参与决策。建立决策资格制度，只有值日过的孩子才有权利参与有关决策，让他们感到自己的声音被听到和重视，有助于增强他们的责任感。

10. 给值日孩子小特权。那一天值日生最大，有权利表扬班级某个同学，有权利作出决策，这样他们会更自豪。

11. 把值日生写进班级日志。在家长和学生中传播，期末班级颁奖大典的时候把学生值日的镜头播放出来。

12. 激情赞美他们的付出。"哇，今天的地板超级干净！"用夸张的语气把做得好的细节说出来，他们会特别受用。

妙招：给学生快乐值日的理由

我在平时的值日工作中发现，如果让一个组的学生去打扫班级卫生，学生就会你等我，我等你，非要等齐了才肯干活。一旦打扫不干净还会互相指责，不仅打扫质量不高，而且也不利于培养学生的班级荣誉感。

为了解决这个问题，我把班级劳动任务按区域或类型细化成块，设专人管理，并用他们的名字命名。对于任务量相对较大的区域，我则引导学生自发组成合作组，用组长的名字给这个区域命名。我对他们说："现在这块地盘是你们的了，你们的地盘你们做主，今后如何做，就由你们决定！"

谁也不愿意给自己的名字抹黑，一个星期下来，值日的情况发生了根本改变。

为了让这个良好局面延续下去，我又出台了新的奖励措施——奖励值日生做一回"快乐天使"。如某同学的卫生打扫得好，就奖励他做一回"快乐天使"，他可以把自己的相片挂在光荣栏内，或者组织同学对他进行一天的"美言轰炸"。对那些卫生打扫拖拉、没在规定时间内完成任务的学生，鼓励他们做一回"改错天使"，可以讲笑话，也可以表演小品、说相声等。这实际上是一种充满温情的处罚，是给他们提供一个改正错误、赢得大家谅解的机会。如果他们做得好，就可升级为"快乐天使"。

经过一段时间的努力，学生们做值日的心态发生了很大的变化。如今，我们班每天打扫卫生只需要10分钟，平时也很少需要班主任过问，值日已经成了学生感到快乐的事情。

绝招：把值日做成孩子们心目中的期待

值日是一个很好的管理制度，可以充分发挥每一位同学的聪明才智，共同建设美好班级，在此过程中还能增强个人荣誉感。但是，并非人人都是将才，值日生都面临着一个问题：怎样才能让这一天变得精彩呢？

1. 鼓励他们从台下走到台上，实现从卑怯到成功的飞跃。对经常做干部的同学来说，值日算不了什么，对从没有做过干部的学生来说就不一样了。有些"差生"干坏事很有胆量，做干部怕得要命。为什么？不自信，害怕别人攻击，过于紧张……因此帮助他们从台下走到台上，就要花一点心思。

我告诉他们走上讲台发言的办法：把头抬起来，挺胸，拉开双肩，深呼吸三次，力求情绪稳定。问一下自己最糟糕的局面是什么，找出可能发生的最坏情况之后，就让自己完全接受它。

然后对自己说：没有比这更让人难以接受的了，还怕什么呢？走，上去，上台去发言！

这个方法很好，很多同学就这样被我逼上去了。他们没有想到，原来有很多事情，他们自己是可以做好的！

2. 帮助他们正确处理干部与同学之间的关系。有些学生平时得罪了不少班干部，所以有些班干部想以其人之道，还治其人之身，结果他们故意不遵守纪律。这样，可能会使值日的学生很难堪。这时候就需要班主任多做做班干部的工作，告诉他们不能用这种方式来"报复"同学。同时，更要告诉值日学生，做干部不是享受特权，做干部就是服务，今天你做干部了，你就要为他们服务。

我在班上倡导大家各司其职，做完自己分内工作后，主动为班级做一些力所能及的事。这样，学生的合作意识就具备了，值日干部的工作环境就好了。

3.增强竞争意识，引导他们参加最佳值日班长评选。我策划了很多活动，如主题班会、学习竞赛、小组竞争、辩论会、跳绳比赛、下棋比赛、大合唱等。这些活动都交给值日干部组织安排，既锻炼了干部的能力，又给班级带来了活力，还给同学们带来了很多的快乐。期末快结束的时候，我兑现了评选最优秀的值日班长的诺言，亲自主持了评选活动，并给最佳值日班长、最佳值周班长、最佳值日生颁发了奖品和奖金。

砍了这"三板斧"之后，我们班的值日就很热闹了，几乎人人都在期待着自己做值日生那一天的来临。

9 学生迷恋网络怎么办

> 学生迷恋网络的现象越来越普遍。很多家长伤心地哭诉:"孩子只认网络不认爹娘,该怎么办啊?"可是,面对有网瘾的孩子,我们也不知道该怎么办啊!
>
> ——湖北 陈叶平

稳招:给孩子持久的温暖与关怀

1. 给孩子持久的温暖与关怀。迷恋网络的孩子,一般在现实生活中缺乏关注。要学会打持久战,给孩子持久的温暖与关怀。

2. 签协议,把孩子从游戏中PK(单挑)"出局"。一个孩子迷上了《传奇》,多次劝说无效,我和他签订了去游戏中PK的协定。结果,三年"盛大"网龄的我利用"低级法师"就把只会玩"私服"的学生击倒了,这个孩子从此"退隐江湖"。

3. 和家长演"双簧",逼孩子学会自省。一个因沉迷"网游"而被外校劝退的孩子转到我带的班上。了解到他还想读书后,我和家长合演了一场"双簧",老师假装坚决不让他上学,要他留在家里反省,家长则逼着他找地方上学。如此几个回合后,孩子在痛苦的抉择中认清了生活的方向,两年都没再玩"网游"。

4. 帮助家长改进教育方法。很多孩子上网成瘾的根源在于家庭:父母过分溺爱、放纵,教育方法过分简单、粗暴、严厉,孩子上网时间长。要想让孩子彻底戒除网瘾,家长必须担负起责任。

5. 把网瘾当作一种疾病来治疗。上网成瘾,和大脑分泌的一种叫多巴胺的物质有关。我们要把网瘾当作一种疾病来治疗，多开展文体活动，改变评价机制，转移产生多巴胺的诱因。

◎ 妙招：戒除网瘾的五个积极思维

1. 先搞好关系，再讲好道理。关系大于教育，这个顺序不能变。关系好了，道理就容易接受；关系不好，孩子直接抵制您。给孩子信任、尊重、关心、爱护、平等、自由，当孩子感受到我们的尊重、信任、温暖、欣赏，愿意敞开心扉的时候，交流的内容才有意义。一句话，效果是硬道理，孩子愿意听胜过您讲得好。

2. 关注到需求，寻找好替代。这需要我们蹲下身子，和孩子平等交流，了解其想法，感知其需求。缺友谊，我们要给孩子营造好的朋友圈；缺成就感，我们要多多欣赏、赞美孩子，并创造机会让孩子有能够胜任的事情；孩子社恐，我们就不要让他为难……孩子想要什么我们都不知道，一味说网瘾害人，他们理解的就是"你们不想了解我，不愿意听我说话，你们只想控制我"。

3. 发展正兴趣，形成好习惯。什么叫正兴趣？健康的兴趣。现实世界的活动对网瘾孩子来说太过于无聊了，这在生物学上属于"奖励缺失综合征"。我们要敏锐感知孩子生活中感兴趣的东西，培养、激发其喜欢的活动。比如说体育运动、拆装东西。郑州市创新实验学校专门用一间教室堆放废旧家电、车辆、电脑，供孩子们拆装。

4. 搭建好台阶，形成好三观。孩子上网一般会经历下面五个层次的需求：首先是好奇，如搜索、游戏、听音乐等休闲性需求；其次是社交，微信、QQ、各种群、各种圈，感受自己和社会的连接；然后才是个人发展，找新闻、长爱好；再次是创造，想利用网络做一点什么事情；最后是自由，孩子已经远离网络，达到自主性需求阶段了。我们要在每一个阶段都给孩子搭建好台阶，积极引导，尤其是在前面两个阶段，让孩子体会"积极的快乐""有价值的快乐"，有利于后面几级台阶的顺利跨越。

5. 提供好工具，增强自制力。第一个工具是自我判断工具，让孩子明白

"做得好是本分，做不好是失职"。第二个是重启工具，"后悔和自责没有用，接纳和改变才是真"。第三个是驾驭冲动工具，"尝试两分钟延时法，感受等一会儿的感觉"。第四个是强身健体工具，"冥想、充足睡眠、呼吸、运动、绿色休闲"。第五个工具是从众工具，"大家都这么做了，我也做一下"。值得注意的是，第五个工具要给孩子一个有自制力的好朋友，帮助引导他。毕竟，对抗从众行为，是一件非常难的事情。

绝招：对大面积问题绝不心慈手软

开学初，有学生反映班上有十来个学生常去网吧，他们常常在晚上11点出去，凌晨三四点回来。我很惊讶，难怪最近有些孩子上课精神不好，原来是晚上去上网了！于是，针对学生集体上网现象，我采取了下列措施。

1. 摸清情况，严厉批评。我欲擒故纵，先在班上说今天要请假一天，请同学们自觉遵守纪律，然后在午夜零时搞了一个突击查房行动。清查的结果是，当晚班里共有9名学生外出打游戏，包括2名女生。第二天晨会上，当着全体学生的面，我对晚上爬墙出去打游戏的学生进行了严厉批评。由于平时我很少公开批评学生，所以，这次的严厉批评很有震慑作用。

2. 严惩违纪，强制戒除。违纪的学生有9名，但不宜对所有人实施惩罚，那样不仅会降低惩罚力度，还容易使他们形成对抗老师的小团体。因此，我只惩罚了两名为首的学生。

我对这两名学生采用的惩罚措施是我陪他们每天完成1500米的长跑。心理学家研究发现，解除精神上的疾病，如忧虑症、网络依赖等，最好的办法就是用体力上的消耗来转移其注意力。我把它称为戒除网瘾的"体育疗法"。

3. 利用舆论，正面引导。为了加强舆论引导，我和班委共同设计了"倡导绿色生活"主题班会，列举了许多因上网成瘾而带来灾难性后果的案例。学生深受触动，纷纷表示再也不去网吧打游戏了。

4. 建立制度，防止反复。我建议班级立法委员会把整治集体上网纪律措施制度化、经常化——任何人在学校期间外出上网都要受到严厉处置。而我则从当天开始采取"严防死守"的措施，防止学生管不住自己而再犯错。

5.沟通交流，确保长效。我把那些孩子一一找来谈话。因为制度措施只能是"围堵"，而与学生在这个问题上取得共识才是从根源上疏导。

首先，我再次强调了上网成瘾的危害，让他们理解老师采取"强制"手段的必要性。虽然这些观点在对全体学生的教育中已经提及，但在与犯错学生的个别谈话中再次强调，会让学生从情、理、法三个角度来理解和认同老师的教育，从而增强执行老师决定的自觉性。接着，我表达了我的难过和担忧，指出老师如此关心、体谅、信任他们，而他们却做出了辜负老师的事情……适度地表达老师对孩子的失望，可以引起他们心理上的愧疚和震撼。

从那以后，我们班再也没有出现过学生偷偷溜出去上网的事情。

10 学生上课使用手机怎么办

> 尽管我们三令五申反对学生带手机进学校，但是手机问题一直是班级管理工作的难题。请问，究竟用什么样的办法可以杜绝学生带手机进学校呢？
>
> ——海南三亚　赵长江

■ 稳招：规范手机的使用

这个问题以前比较难做，现在教育部已经有明确规定，要管理好学生的手机。我们可以在上级文件规定基础上制定细则。

1. 肯定使用权限。我们在班规中明确规定——每个人都有权使用手机——欲先取之，必先予之。先肯定他们有权使用手机，他们才觉得这个班规是支持他们的，他们才会认可。

2. 规定使用范围。然后，再规定手机使用范围——在家里和生活区使用，在教学区不能使用。在家使用也有一个时间限定——晚上 10 点到次日凌晨 6 点不允许使用。

3. 明确使用方法。如果有学生不小心把手机带到教学区了，怎么办？统一保管，并且使其处于关机或者静音状态。

4. 制定处罚措施。如果有学生违反了规定，该怎么办？好办，取消一周的手机使用权。具体办法是当着全班同学的面，自己把手机电板取下，把手机用信封封好，交给班主任代管一周。为什么要这么做呢？理由很简单，确保手机代管期间没有人窥探他们的隐私、没有人使用过他们的手机，他们的信息权、隐私权、财产权都受到明确保护。代管一周之后，如果再次发现违规现象，就要取消该生一个学期的手机使用权。

一般情况下，经过这四个步骤，学生使用手机就比较规范了。

妙招：和家长签订协管条约

规范手机的使用，关键在家长。家长愿意给孩子手机，那是源头。因此，我们首先要和家长达成一致意见。

我开家长会，明确告诉家长学生使用手机有哪些不利于身心健康的因素：（1）手机辐射影响学生的大脑发育；（2）将手机揣在裤兜里可能影响孩子的生殖系统发育；（3）经常玩手机游戏有损视力；（4）学生玩手机时间长，容易导致注意力不集中；（5）学生爱攀比手机品牌，一些不法分子就是从手机品牌来确定敲诈勒索和绑架对象的；（6）关键是网络成瘾后孩子脾气暴躁，容易引发心理疾病等。为此，我提倡家长和孩子一起签署家庭使用手机的18项法则（详见《班主任与家长沟通的艺术：创建优质家校关系的60个策略》一书，2020年中国轻工业出版社出版）。

为了让家长放心，我从不拖堂，告诉家长什么时候放学、什么时候上学，请他们估算孩子们在路上的时间。这样，家长也就没有理由给孩子配手机了。

为了孩子的健康和安全，我建议家长不主动给孩子购买手机。如果有亲友要赠送，也请尽量不要攀比。如果学生上课使用手机，第一次由老师代管一周，第二次交由家长代管一周，第三次则请家长到班上向全班同学说明理由。

很多家长在孩子面前不愿说重话，有些放纵和娇惯孩子。但是真的要他们到学校来说明理由、解释原因，他们面子上都挂不住，自然也就配合学校的工作了。

自从和家长签订了协议，学生带手机进校园的现象越来越少了。

绝招：把班主任也置于全班监督之下

2010年11月19—21日，我和钟杰老师一起在深圳光明新区给优秀班主任做培训，21日我们从深圳分别回湖南和四川。分别之后，整整一个星期，钟杰老师的手机一直无法接通。

钟杰老师究竟怎么了？那段时间我们几乎每天都打电话给她，每次听到的都是"对不起，您所拨打的用户已关机"。

一周之后，钟杰老师的手机终于开机了。我们问她怎么了，她说"出了一件见不得人的事，我的手机被学生没收了"。

原来，在钟杰老师班上，为了规范学生使用手机，她在班规中明确规定：班主任也和学生一样，必须遵守班规。如有违反，她的手机也交由纪律委员代管一周。11月21日那天正是周一，她匆忙从深圳回四川，为了便于和家里联系，手机没有关机，也没有调整到静音状态。等她匆忙走进教室，眼神很好的学生立马就发现她西装口袋里揣有手机，于是，他们"不怀好意"地让钟老师掏出手机看看……

结果，钟杰老师的手机就被学生代管了一周！这就是我们一周无法联系上钟杰老师的原因。

有人说老师的手机也被学生代管，太没面子了。这话可不对。自从钟杰老师的手机被学生代管一周，他们班学生使用手机就十分规范了。当钟老师估计有学生把手机带到教室且可能没有关机的时候，她就乐呵呵地问："同学们，钟老师的手机在哪里？"

这时候，纪律委员就很配合地站起来："在这儿呢！"

"那么，同学们该怎么办？"

自然，所有没有关机或没把手机调整到静音状态的同学，乖乖地把手机电板取下，用信封封好，交给钟老师代管一周。

第四章

学生行为习惯四问

1 学生大错不犯、小错不断怎么办

> 带班八年了,每届总会遇到两三个这样的学生:大错没有,可身上小毛病特别多,如上课讲话、迟到、不认真做作业、逃避值日,总是钻空子,给班级管理带来了很多麻烦。请问老师有什么妙招吗?
>
> ——河南 顾治国

稳招:利用好犯错这种教育资源

成长是一个不断试错的过程。大错不犯、小错不断的孩子,其实在不断试探这个世界。每一次犯错都是一次重要的教育契机,是我们重要的教育资源。下面分类聊聊怎么应对孩子的犯错。

1. 无知之错。对校规班规不熟悉,缺乏是非判别能力,犯错了还莫名其妙,这样的孩子就属于无知犯错。对这一类孩子,我们点拨一下就行了:出示相关规定,告知其正面做法,或者纠正其错误认识,不必过于纠结。

2. 无心之错。孩子犯错前没有意识到,等到意识到的时候,就已经违纪、违规了,这叫无心之错。对于无心之错,我们设置相应提示就行。比如说"上下楼梯靠右走",纠正孩子走错方向;比如说走廊过道设置"轻声慢步"提醒牌,下课期间安排人员流动提示,尖叫、吵闹的孩子就会减少。

3. 无法之错。孩子缺少方法,好心办坏事,这叫无法之错。对这类孩子,我们要积极帮扶,交给他们具体做事情的办法。比如说老忘记作业的孩子,可以教给他记录作业的方法,其中重要的一条:"记不起当天的作业,可以询问同伴或者老师。"

4. 无能之错。孩子能力不够，又不想给您惹事，让您不高兴，于是就犯错了。比如说学习成绩不好，不会写作业，只好拿别人的抄。对于这类孩子，辅导、帮助和提升他们的能力是关键。

5. 习惯之错。这类孩子我们很头疼，他们不是今天犯错，就是明天犯错，有时候一天还犯好几次错。我们批评他们，他们还特别无辜。对这类孩子，适宜抓大放小，别太计较了。抓住大的错误进行行为矫正，小的错误可以装作没有看见，他们的成长环境好了，犯错概率就小。

6. 故意之错。这类孩子很"狡猾"，他们不犯大错，只犯小错，而且每次犯错，内心还窃喜。对于这类孩子，我们要多和他们沟通交流，摸透他们犯错的心理动机。如果他们以犯错引起他人注意，那么我们要多在课堂上、正面许可的事情上给他们机会；或调整认知，不要让他们以为犯了错误得到关注；有时候故意冷落、对他们的犯错置之不理，他们也就没有兴趣继续犯错了。

7. 恶意之错。这类孩子犯错背后还有报复心理。对这类孩子犯错，要注意了解其真实意图，这是孩子在向我们求救："我不满意了""我恨你""你错了""得给我赔礼道歉"。我们要读懂孩子的心理，别一味地惩罚，不然会造成更严重的后果。

8. 错上加错。比如说撒谎，为了圆第一个谎言，孩子只好继续撒谎。对于这类孩子，我们要告诉孩子及时止损的办法：不继续犯错就是成功。给他们营造有点儿压力或者无压力的宽松环境，他们放松下来，就不会错上加错了。

9. 钻空之错。这类孩子精力旺盛，善于发现问题，他们故意钻班级管理的漏洞，显示自己很有能力。那就委以重任，让他们做制度完善员，把他们朝正面方向引领。

妙招：降低犯错"薪酬"

高见老师曾讲过这样一个故事，可以为我们处理孩子犯错时提供一个参考。

每天午休时，一群孩子在房子外面打闹。尤其是那只空油桶，每天都被敲得叮叮当当的，让老人睡不着。赶他们？老人没精力。向他们父母告状？这群孩子是哪儿的都不知道。给他们讲道理？两句话就会把你噎死。

似乎，这事儿进入了绝境。

终于有一天，孩子们再来打闹时，老人出来了，对孩子们说："我很怀念年轻时在油田工作的情景，你们敲打油桶唤醒了我的美好回忆。为感谢你们，我决定每人送你们一颗棒棒糖。"

孩子们很意外，也很吃惊，但还是接受了。不花钱的好事，谁不愿意呢？然后老人继续请求："以后还可以来敲油桶吗？如果你们每天来，我每人给三块钱。"

孩子们答应了。第二天来的人更多，老人兑现了诺言。敲了几天之后，有一天，老人非常抱歉地说："这个月退休金发得不及时，从今天开始，可能每人只能给一块钱了，你们还愿意敲吗？"有孩子不高兴了，怎么降薪了？但看在前面几天的份上，还是答应了。

又过了两天，老人再次说："退休金还没有发下来，你们可不可以免费给我敲？"这时候，一个孩子火了："您以为可以白敲啊！没钱，谁干？"无论老人怎么恳求，那孩子始终没有松口。

于是，以后的每天中午，周围再也没有孩子打闹，敲了一段时间的空油桶，终于归于寂静。老人可以安安心心地午睡了。

一件事情，当孩子的期待值和现实相差太远的时候，他们就不愿意去做了。纠错，不妨也试一试这个思维。

绝招：VIP套餐服务转变"犯错王"

小ZP嘴巴很碎，上课不会消停一下，是班级"犯错王"，即使小组因他扣分也丝毫改变不了他。最后，他成了我的VIP客户，我给他提供了专享套餐服务。

1. 专享座位。就在讲台底下第一桌，方便我轻轻敲打课桌提醒其别继续违纪。

2. 同伴约束。给他周围的每个孩子颁发黄牌、红牌警告，每节课超出三次讲小话，周围的同学有权利举牌警告。

3. 约定奖惩。允许其一天违纪三次，低于三次可以获得小组和个人积分加 20 分的特权。超过一次则同样处罚。有孩子说："为什么他有这样的优惠政策？""同伴少一次错误，班级就赢了。"要把别的同学的思想工作做通。

4. 定点帮扶。给他制定 21 天脱胎换骨计划，每天把错误减少一点就是成功。坚持一天就增加一次积分奖励。

5. 委以重任。对他能够做的事情委以重任，转移其注意力。比如帮我管理多媒体，打开课件，控制多媒体声音，孩子干得可好了。

有一天，我看着他捏着嘴巴听课，问他为什么。他说："这样就可以减少说小话的次数了！"全班同学都乐了。

2 如何让学生养成爱劳动的好习惯

> 现在有一个问题让我很头疼,很多孩子在家里根本不做什么家务,结果到学校之后不爱劳动,真让人担忧。那么,如何让学生养成爱劳动的好习惯呢?
>
> ——河南平顶山 刘强

稳招:八招让孩子们爱上劳动

1. 劳动是美德,需要价值引领。"灵巧的双手啊,可以歌吟赞美!""劳动可以让手脚更灵活、更协调。""劳动能够诞生责任心。""劳动是门技术活,可以提升我们的统筹能力、逻辑能力、时间管理能力。"这些话,可不是我说的,是我们历届学生对劳动的感悟。把这些分享给孩子,能够增强他们对劳动的情感认同。

2. 劳动是付出,需要及时关注。"哇,今天的地板是谁拖的,怎么这么干净?""哇,这玻璃擦得这么干净,达到专业水平了!"最好的激励,不是赞美,不是表扬,是"关注",或者说"看见"。我们只要看得见孩子们在劳动中的付出,他们就会更喜欢劳动。

3. 劳动是技能,需要适时培训。孩子们进入青春期之后,他们更加在乎别人的评价。当一些孩子做得很好,另外一些孩子不会做的时候,不会做的孩子就会选择逃避。怎么办?提前把相关技能视频发给他们,提前培训,孩子们会更加自信。

4. 劳动是快乐,需要及时分享。创新实验学校端午节包粽子、冬至节包饺子,已经成为学校传统项目。这些活动是需要表现好才能申请的,每次举办这样的劳动活动，我们会全程录像，把孩子优秀的表现做成视频分享，孩子特别高兴。一个孩子，能够包出七种饺子，厉害吧？

5. 劳动是权利，需要让孩子决策。做什么事情，承担什么活儿，什么时间做最好，和谁搭班……这样的事情，在劳动之前交给孩子们自己决策，他们会很有成就感。包括我们教学楼顶菜地上种什么，我们全部交给孩子们，一个班一块自留地，他们干得可欢了。

6. 劳动是创造，需要体现权属。贴上学生喜欢的格言，放上学生喜欢的照片，逢人就介绍学生的劳动成果，外面来人参观请他们作介绍，"这活儿是我干的！"……这些措施，让您班上学生不喜欢劳动都很难。

7. 劳动是本事，需要及时复盘。劳动教育不是做完就结束了，做完之后还要寻找恰当的契机复盘、总结，把孩子们的成就感、自豪感激发出来，把他们精益求精的责任感激发出来，他们才会更爱劳动。

8. 劳动是享受，需要来点儿快乐。不要用过多的物质奖励去刺激孩子，劳动本身能够创造财富，如果给钱、给其他物质奖励，反而降低了孩子们对劳动的喜欢。可以以游戏的方式、比赛的方式、享受自己劳动成果的方式、团队参与的方式……让劳动有趣，这样，学生的参与度就高。

妙招：我们的花式劳动教育课程

我一直提倡"懂爱的孩子会读书，会劳动的孩子更感恩父母"，所以，家长对我们班的劳动课程特别支持。渐渐地，我们班花式劳动教育课程成为家长和孩子们共同的期待。我们的做法是：

1. 美名化岗位。我们班每一项劳动课程，都被赋予了神圣、温暖、温馨的名字。如"烘焙时光""温馨花艺""优异家政""大美保洁""美鞋大师""云水发艺""超级大厨""收纳能手"等，无一不显示出孩子们对美好生活的追求、对劳动的神圣赞美。

2. 艺术化海报。我们班每次举行相关的劳动课程教育，必定有精美的海报出场。海报上的话语让别的班的同学羡慕不已。"学霸掌勺""年级第一为您美鞋""校草美发"，看过的同学都心动。

3. 晋级式比赛。每个学期，我们举行一次劳动成果大比武，每个同学拿出自己最拿手的项目在班上展示，我们成立专业和民间两大评审团，用贴星的方式点评，谁的星星多，谁晋级快。每次晋级都举行隆重的颁奖典礼，大家忙得不亦乐乎。

4. 漫展来助兴。"开心农场""一米蔬菜坊""东篱牧场""稻花香糕点""咩咩酸奶汤"……这不是跳蚤超市，这是我们班同学为展示自己的劳动技能举办的漫展名称。夸张的服装、艳丽的头饰，还有节奏明快的音乐，这一天成为孩子们最快乐的一天。

"劳动是快乐的，不论过程还是结果，都值得'嚣张'一回。"这是我们班同学的心声。

绝招：请享受最美劳动时光

"阳光照进窗帘，蝴蝶飞上花瓣，宁静的周四下午，开始了最美遇见……"

这是谁在写抒情诗吗？才不是呢，这是我们每周四大扫除时，劳动卫生委员在组织大家搞卫生前的动员。有必要搞得这么文艺吗？可能有老师会问。坦白说，我也曾问过他们这个问题。

"老师，你不是说了吗，最好的休息是交替做事。平时我们学习太辛苦、太累了，我们用劳动的机会放松一下。"

"行啊，你们说想怎么办？"

"大扫除的时候，每个人都到自己最恰当的岗位上去，教室里不得留人，无关人员都出去吧。这样我们做起保洁来，心情才轻松。"

"行，我支持。"我向来不干预学生的想法。对班级少一些控制，管理就会多一份灵动。一些老师对学生不放心，尤其是劳动卫生，每次检查了又检查，结果，把学生劳动的快乐全抹杀了。

"可以放一点轻音乐，在音乐中拖地感觉会好很多。"另外一个学生建议道。"这个可以有。"我支持道！

"老师，寝室也一样，与劳动无关的人员是不是可以到操场上去运动？

这样我们可以享受最美的劳动时光，做好的保洁就不会有人污染……"

"难道不可以让每个人都有事情做吗？比如说公共区修理苗圃、过道里擦洗墙壁？或者教室里做义务收纳员？一定要把人家赶出去？"

"对呀！号召他们寻找最适合自己的工作岗位，反正不能够有人闲着。"以前大扫除轮流来，工作量是减少了，但是总有人碍事啊。能不能大家都忙起来，一起享受最美劳动时光？劳动卫生部门的人员又动起脑筋来，开发了30多个劳动卫生岗位。几乎每个人都有事儿，再也不用担心轮值和谁溜岗了。我要做的事情，就是给他们创造良好的环境，然后别站着碍事。

劳动是心灵的放松，让我们放空学习的大脑，来享受最美的劳动时光吧。于是，每次打扫卫生前，就有了文章开头的那一幕"诗意动员"。

3 学生的服饰、发型不符合要求怎么办

> 星期一，我刚走进教室就发现小赵前额染了一撮黄色的头发，几个学生围着他，还说挺好看。现在很多孩子过分关注自己的外表，除了头发以外，一些学生在服装、饰品等方面也常常不合乎学校的要求，作为班主任，我们该怎么应对呢？
>
> ——江苏　靖玉红

稳招：与时俱进，更新审美观念

我觉得统一服饰、发型不合乎时代的发展，别的不说，就连我们老师自己也做不到。这几年，很多女老师不也染发吗？自己做不到的，就不要勉强学生。

在服饰和发型上，我提倡——

1. 读透行为规范，把握政策要求。《中学生日常行为规范》关于仪表是这样规定的："穿戴整洁、朴素大方，不烫发，不染发，不化妆，不佩戴首饰，男生不留长发，女生不穿高跟鞋。"不难发现，其中用了大量否定句，明确规定了哪些是不能做的，只要不触犯这些硬杠杠，其他都是被允许的。这样的行文就体现出了管理的睿智，它为学生的个性张扬留足了空间。

作为教育管理者，我们理应深知，站在我们面前的是一个个鲜活的、有差别的、有思想的个体，应该充分尊重他们的选择，而不是将他们当成流水线上的"标准件"。

2. 积极教育疏导，传递大众情趣。我告诉学生，大众化发型可以给人一种亲近感和安全感，我可以接纳相对有个性的发型，但是反对学生留过于刺

激的发型。你说有些男生在头上理一个刀疤,不是制造恐怖气氛吗?

再说了,倡导短发、简易的发型是为了方便大伙儿学习。有些学生在上课时拿一面小镜子,一有时间就对着镜子整理发型,对学习肯定是有影响的。抓仪表仪容,目的就是让大家把更多的心思放在学习上。

3. 集体讨论审议,倡导主流发型。一些家长也希望孩子漂亮、精神,很期待学校定一个"发型标准"。但是我们到一些理发店了解后发现,中学生的发型还真是个问题。理发店的一个师傅告诉我:"现在的潮流发型都是为成年人设计的,中学生的发型还真不好剪。"

为此,我和孩子们一起讨论、审议一些发型。只要能够体现出我们健康、阳光的形象,有利于塑造和培养朴素、讲卫生的生活习惯的发型,我们都接纳。后来,在美术老师的帮助下,全班评选出了12款发型,男生、女生各6款,成了我们班的公认发型。

4. 尊重学生爱好,给予适当自由。我自己经常理平头,但是我尊重孩子们在发型上的选择。一律短发或者一律平头,不见得就好。我有一个学生叫林晗,皮肤白皙,留着齐耳的碎发,戴着眼镜,显得斯文清秀。他的家长说,孩子理平头,连我们父母都觉得难看。军训时理了平头,后来他戴了一个月的帽子。

孩子其实很在乎发型,一个女孩子说:"要是我的发型丑了,我肯定会自卑,肯定会影响我的学习和生活。"所以,我提倡大众化发型,只要孩子的发型不是很特别,我尊重学生的爱好,适当地给他们自由。

妙招:给孩子们自由飞翔的一天

正在梳理本周工作,八年级群蹦出一条信息:

各位亲,大家注意![比心][比心]

我行我秀——校园霓裳日活动欢迎师生一起积极参与啊![可爱][可爱]主打放松和个性。[憨笑][憨笑]

喜欢动漫的、汉服的,或者其他服装的,都可以尽情显示下。[送花花]

［送花花］那天大家可以穿自己喜欢的衣服、做自己喜欢的发型，参加学校活动哦！［笑脸］学校已经做了宣传海报，各班号召学生积极参加。

您可以这样做：

1. 本周班会组织爱好动漫和汉服的学生，介绍下服饰文化发展和礼仪以及相关的故事人物。

2. 活动当天可以让学生组团，即兴表演节目、演奏乐器、跳舞都可以，自娱自乐。

3. 可以班级为单位手工做张小海报，摆个摊位，卖点儿小东西。（和服饰相关的文创、装饰品都可以。或者家里的二手小玩具，小物品都可以拿来卖一卖。［可爱］）

以后每月固定有这么一天，大家和孩子们都乐一乐。

这个创意好！我马上问校办，这是谁的灵感？校办告诉我，是鄢校长的主意。班歌比赛那天，她看到孩子们穿着各种好看的服装，高兴成那样，觉得给孩子们自由飞翔的一天也很好。

很多学校只对学生设立种种限制，殊不知对美好生活的追求，也是孩子成长的动力。我们虽然制定了严肃、统一的着装规范，也要给孩子放松的一天啊！感受到快乐，学校对学生才有吸引力。我为这灵感叫好！

绝招：开一场自卑辩论会

学校严禁男生留长发、女生化浓妆，但班里总有那么几个人"顶风作案"，关键是后面跟风的一大波。陆风妈妈说，孩子早上弄个头发，要一个小时。

怎样让他们心甘情愿甚至兴高采烈地执行风纪要求呢？

读书吧，阿德勒的《自卑与超越》非常适合这时候阅读。这是阿德勒的经典著作，生动有趣的故事、简单温暖而又不失力量的语言，没有多少专业术语，他们能够读懂的。

一周以后读完，我和班委策划了一场"在打扮上花那么多时间究竟在掩饰什么"的主题班会，大家一起讨论：耗费大量时间"修饰外表"究竟合不合算？

"肯定不合算。"

"自卑不可怕，可怕的是我们用它捆绑着自己的一生。"

"内心没有足够自信的人，才用外表的浮华来掩饰自己的自卑感。因为这个成本最低。"

"面对自卑，消极的人掩饰自卑，积极的人超越自卑。"

"掩饰自卑的人不承认自卑的存在，并且会拼命在无用的事情上争取优越感。"

"靠发型增添自信，是一种背本趋末的做法。这并不能够让我们真正变得优秀。"

……

一场讨论下来，大家达成共识："留长发、着奇装是自卑的可怜虫，真正自信的人不屑于做这些事情。"

遇到留长发的同学，大家都会贴心地问一句："你又自卑了吧？要不要我帮你？"

几天之后，全班同学的长发全都消失不见了。

4 学生想在校园里经商怎么办

> 据了解,现在不仅大学生在校经商,甚至连小学三年级的学生都学会了通过贩卖小玩具来赚同学的钱。对此,我们班主任该如何应对呢?
>
> ——哈尔滨铁岭 覃红

稳招:用自己的经历引领孩子们成长

杨安新从市场上批发了一大箱带锁日记本,在学校里卖得红红火火,弄得校门外的几个商店老板都在议论了:"他把我的生意全抢走了,还烂我的价,你说我的生意怎么做?"

我把杨安新请到办公室,很客气地问他:"还有多少日记本没有卖完?要不要我帮忙推销?"

他抓了抓后脑勺,不好意思地说:"只有十几本了,而且基本上都有了买主。"

"卖完后,还有进货的打算吗?"

"嘿嘿,嘿嘿……"他只是笑,不回答。

我问他,怎么想到了卖日记本?他说,上周朋友过生日,他去买日记本,突然发现学校周围商店日记本的利润太高了。他家楼下有一个日记本批发商。"才两块钱的东西,这里卖七八块!"

"所以你就打抱不平,来做这个生意,是吗?"

"是,同时还想赚一笔小钱。"

"可是,你和这些商店不一样,他们要交房租,要养家糊口,而你却不需要,这样形成的价格不同,不是公平竞争啊!你缺钱吗,要不要我提供一些帮助？"

他赶紧说"不用"。他说他做生意，仅仅是想知道自己有没有这种经营能力，更多的是想证明自己。这件事情该怎么办呢？和杨安新谈话之后，我把这个问题交给同学们来讨论。

同学们发言比较热烈。反对方认为，不应该在学校里做生意，有两点理由：一是生意淡化了同学间的感情，赚了钱财，轻了情义；二是在学校里做生意，合不合法、合不合理、学校允不允许，都还没有明确，如果是违法经营，那就更不值得做了。支持方认为杨安新的思维活跃，能够及时发现商机，这种做法很值得提倡，至少，这是在提前训练经商、理财能力。

王亚梅还整理了一份《美国少儿理财教育的目标》给我们看。她说："在美国，3岁的孩子要能够辨认硬币和纸币；4岁要知道每枚硬币是多少美分；5岁要知道硬币的等价物，知道钱是怎么来的；6岁能够找数目不大的钱；7岁能看价格标签；8岁知道可以通过做额外工作赚钱，知道把钱存在储蓄账户；9岁能够制订简单的一周开销计划，购物时知道比较价格；10岁懂得节约，以便大笔开销时使用；11岁知道从电视广告中发现事实；12岁能够制订并执行两周开销计划，懂得正确使用银行业务中的术语；13岁至高中毕业时，要能够进行股票、债券等投资活动尝试以及商务、打工等赚钱实践……"

现在的学生视野广，看问题角度新，没有很充足的理由，很难说服他们。但是，无论怎样，我还是不主张孩子们在学校读书的时候去想着怎样做生意，毕竟他们的精力有限。

他们讲完之后，我联系自己的经历说："对于这个问题，我有切身体会，其实我也在读书的时候做过生意。"孩子们感到很惊讶，于是，我就给他们讲我读大学时的情景。

我读大学那年，家里经济很困难，妈妈瘫痪了将近20年，父亲又病倒了，医生怀疑是肠癌。去医院检查前，他连后事都交代好了。为给家里减轻负担，读大学那几年，我瞒着家里开始做生意。我卖过袜子和开水壶，也给我读书的那个城市里很多粮店送过面粉，还给几家新闻媒体做广告中间人。

那两年，我不仅能养活自己，还能够给家里一点补贴。可我父亲并不支持,毕业前一年,我那可爱的父亲跑到学校里来了。他对我说了几句让我铭记一生的话:"我们确实很需要钱,但是,人生最不划算的买卖,就是把事情做颠倒了。比如在应该好好读书的时候去做生意……"

父亲的话让我猛然惊醒。我突然发现,自己在做一件多么折本的生意——我把人生最好的读书时光,用在了那些所谓的经济活动上。

从此,我安心在学校里读书,整整一个年头,我都是在图书馆和教室里度过的……

我讲这些的时候,孩子们都听得十分认真。他们对于能不能在学校里做生意,自然有了答案。

妙招:在校园里开展职业体验

我一直觉得学校是一个小世界,孩子们在学校里不能只单纯读书,那样会把孩子读傻的。

一个好的学校、好的教育理念,应该让孩子在学校里学会以后能运用的技能。因此,对学生在学校里学习做生意,我不反对,而且还创造机会让孩子们体验。只要关注一下我们郑州市创新实验学校的微信公众号,就能够看到我们有很多相关的活动。不管是小学部,还是中学部,我们每年都有跳蚤市场活动。

活动那一天,孩子们可高兴了。各种各样的商业海报、摊位、商品都有。学校还专门买了爆米花的机子,孩子们自己制作,自己销售。我们第二课程活动室的成果也对每个学生开放,"学霸为您操刀的外卖""学霸烘焙糕点,请您精心品鉴"。很多家长说,光看这些海报,就让人动心。

男孩天生喜欢动手,学校能不能建立一个维修拆装的公司?黄权副校长马上行动,于是,我们学校的"拆拆乐有限公司"就上马了,面向家长征集废旧电器、自行车等。孩子们拆得不亦乐乎。

生涯体验是学生学习的动力,能不能把家长资源利用好,给学生更多的职业体验?这比简单的校园经商更为丰富、刺激。于是,我们学校针对八年级的学生,每年举行各种各样的求职就职和生涯体验,面试官则是老师和相关职业的家长。

当孩子们在实践中体验一段时间之后,他们会发现一个朴素的道理:虽然不读书可以早点挣钱,但是读书之后可以更好地挣钱。

绝招:请家长来作创业讲座

和家长聊到孩子们想经商的事情,申波超同学的家长(下简称"老申")说:"要是有机会再进课堂学习,这辈子也就不遗憾了。"

我当时就灵光一闪:读书也是一座围城,出了校门的人这么眷念读书,坐在教室里的人却想经商,为什么不叫那些出了校门的家长给那些在教室里的学生们上一次生动形象的创业课呢?也许家长们的创业经历会使一部分同学的思想受到震动,从而改变态度呢!

我诚恳地对老申说,能不能请他给孩子讲点什么,就是一节课的时间。老申慷慨答应了。

于是第二天下午,我班的家长进课堂正式开讲。那天,来听课的有学校领导,有家长代表,有部分任课教师,挤满了整整一间教室。老申讲得很认真,他写了整整 26 页信纸,上面还用红笔仔细勾画了重点。由于准备充分,事实感人,许多孩子听着听着,不由得唏嘘起来。几个感情丰富的女孩子,当场流下了热泪……

我们下午 5 点 20 分下课,老申时间控制得不好,铃声响了还没有讲完。他看着我,等待我发话。我讨厌拖堂,可这一次,我决定让孩子们决定。我问孩子们:"要不要现在就下课?"

孩子们异口同声地说:"不要!"

于是老申就接着讲,讲了十来分钟,才把课讲完。下课后,一些学生围着老申问这问那。有些家长对我说:"希望这样的活动多组织几次,我们也想对孩子们说一说。"我让班委把这些意见收集起来,一一给予答复和处理。

我让班委写了一封给家长们的公开信,邀请他们给学生讲课,一周一位,时间定在星期五的最后一节课。同时,也欢迎家长们来随堂听课交流。自活动开展以来,学生表现出了前所未有的热情。在每一位家长到来之前,他们会主动把教室打扫得干干净净，并进行了简单装饰，还安排了专门的同学迎接。

当家长走向讲台时，同学们那热切的目光、专注的神情、热烈的掌声，让我始料不及。同学们听得十分认真，课后每人向报告人写一封信，谈感想、谈体会。许多同学下笔千言，感触极深。每个学生都认真反思了过去，重新规划了自己的未来，有了明确的学习目标，端正了学习态度，树立起为实现自己的理想而发奋努力的决心和信心。

家长们也深深地投入到这项活动中来，彭诗兰同学的家长听课次数最多。他说，每次听课，都是在接受一次精神上的洗礼。他感到自己又回到了激情燃烧的岁月，昨日的一切又浮现在眼前。我相信每个家长的宝贵经历，都将给孩子们带来深刻的影响。

第五章

学业指导八问

1 学生缺乏上进心怎么办

> 有些学生没有一点上进心,我希望他好好学习,他说"反正我也考不了高分";我说只要努力就能进步,他说"进步了又能怎样";我拿奖品激励他,他却说"我才不稀罕呢"。遇到这样没有上进心的学生,该怎么办呢?
>
> ——浙江　王盈盈

稳招:在孩子能够实现的预期目标上激励

我曾在小学一年级做过调查,问孩子们:"你们喜欢学习吗?"刚进校园的小朋友一个个兴奋地说:"喜欢!""我很期待去学校。"

三年之后再去调查,问学生:"你们喜欢学习吗?"好些孩子开始躲闪。

是什么让当初很期待去学校的孩子,现在不再爱学习了呢?是作业吗?不对,那些喜欢学习的孩子依然爱写作业。可见学习负担不是最根本的理由。是成绩吗?是的,但是更确切地说是成就感。孩子们之所以后来不再爱学习,是因为他们感受不到成就感,感受不到快乐,无论怎么努力,都只是父母眼中那个一无是处的孩子,都是老师眼中的"差生",他们怎么会喜欢学习呢?

孩子爱上学习有三个要素:有意思、有意义、有价值。这三个顺序调整一下都不行。他们先是觉得有意思,才会感受意义;他们能够做到,感觉自己"行",有价值,这事儿才能够长久做下来。

遗憾的是,现在好些家长和老师都把出类拔萃、成绩优秀作为孩子成功的评判依据,我们把成功看得太高了,太伟大了,以至于一些孩子无论怎努力都实现不了"成功"。什么叫"习得性无助"？孩子们还没有开始行动，已经被打击得只有认输了，这就叫习得性无助。

怎么改变？用科学的成功理念指导家长、学生和我们自己。

学习是孩子自己的事情，他的成功取决于他自己的预期。孩子觉得自己一天能够背5个单词，做到了就是成功。不要拿他和每天背10个单词的孩子相比，孩子会沮丧的。

我们学校有一个老师叫陈隆，曾在非洲援教，很有教育方法。一个孩子默写了10个单词，错了8个，陈老师这么评价："哇，已经对了2个了，我们能行的！"孩子很激动，以前老师都是批评他，说还有8个不会。而陈老师能看到孩子会了哪些，孩子很高兴，当天又把剩下的8个也默写对了。

在孩子能够实现的预期目标上对他进行激励，孩子就会爱上学习。

妙招：从装样子开始学习

我曾经带过全校最差的一个班，三年换了五个班主任，我是第五任。校长对我说："小郑，你不要着急，这个班只要维持稳定就行。"

果然，开学第一天他们就给我个下马威：上课铃声都响了半个小时了，还有一半男生在寝室里没有来。怎么办？我让同学去叫他们："郑老师请客吃糖果，愿意来的交个朋友。"

他们到齐之后，我开始谈话。"坦率地说，我不能保证能做好这个班主任。"我很坦诚地告诉他们，"你们都知道，我是由职业中学考进我们学校的。我能不能在这个学校待下来，我的身家性命就拜托各位兄弟姐妹们了。今天请客，就是想请大家给我帮个忙，看看我怎样才能在这个学校待下来。"

"肯定能教书，能做班主任啊！"

"怎样证明您能够教书呢？"

"你们愿意读书啊！"我话还没有说完，全班同学说道："这事儿不好商量。""您这太为难我们了。"

"没有关系啊，我知道你们很为难，也知道大家不太想读书，我不要求你们每天真的读书。我只需要大家每天在校长到我们班检查或者其他任课老师从我们窗户边经过的时候,你们帮我在教室里装读书的样子就行。"

啊?装就行!我说:"是的,如果你们做到了,作为回报,你们调皮捣蛋的事、违纪的事,我装作——没、看、见!"后面三个字是一字一顿地说的,他们听得非常清楚。不要真的读,装样子就行?哪有这么好的事情!他们很高兴,当场便签了协议。

于是,他们就每天开始装。我也把各种各样装的技巧告诉他们。比如说,铃声一响,全部入场。走廊上没人,校长就觉得我们班出勤好。至于进来之后,你们想玩的继续玩。这样一来,孩子们就不反感和抵制。又如老师上课的时候,装样子盯着老师,显得很专注。装样子把笔拿在手中,有老师或者领导经过时,就在本子上划两笔……

他们做到了,我就请他们吃东西。一点小零食,花不了多少钱。一个星期之后,校长在晨会上表扬我们班,说我们班进步最大,孩子们都很高兴。

心理学上有一个词语,叫角色认定。当孩子们装了一段时间之后,他们还真的进入了角色,这是入戏太深啊!一位家长非常激动地告诉我,他们家孩子读书12年来,第一次在家里写作业了。我问那个孩子:"真的吗?"他说:"我只想让我爸高兴一下,装了一下样子。"

我说:"你看,你装一下,家长就这么高兴了。如果我们真的读点儿书,他们会高兴得要死。"

一个学期之后,校长说,我们班是他感到最意外的一个班级,除了成绩不好,班风班貌什么都好,尤其是孩子们基础那么差,却十分上进……

绝招:点燃孩子不甘平庸的愿望

有一个农村孩子叫张洪涛,小学前两年成绩并不好,常常在班上三四十名。在三年级之前,他也没有觉得这有什么不好。到了三年级的时候,班主任换成了一位美丽的年轻女老师,她格外欣赏那些读书努力的孩子,每次给他们发奖状的时候,都不忘轻轻地拥抱他们一下。

这让张洪涛很羡慕,他也想亲近一下那位美丽的班主任,却从来没有机会。于是他在心里下定决心:一定要考入前三名。就是这个愿望,激发了他内心强烈的进取心,他不但上课专心听讲,还在家里默默努力。结果期末考试,他成为全校老师心目中的一匹黑马,一举取得了年级第一名。

他在获得班主任青睐的同时,也重新认识到了自己的价值:原来很多事情并不是不可能,而是自己没有努力。2005年,他以687分的成绩考入了清华大学。

给生命寻找一个理由,孩子们就能上进。一个叫申栋材的孩子,平时读书并不怎么努力,但是家长对他寄予很高的希望。为了激发他学习,家长在暑假带孩子去北大、清华看看,想着也许那儒雅的气氛能够感染他。回来之后,他果然发生了翻天覆地的变化,学习居然再也不需要别人督促了。

2003年高考,申栋材考了799分。但是很遗憾,那一年,北大的录取分数线是810分。出于对北大的向往以及别的许多原因,他决定复读。复读是痛苦的,尤其是高分复读,承受的压力就更大。为了磨砺自己的意志,他每天早上参加学校的长跑训练。有时候跑着跑着就有一种体力不支的感觉,每当想放弃时,他就在心里反复地问自己:"你还想上北大吗?你还有梦想吗?"然后咬着牙前行。跑完全程后,他的信心大增。2004年,他终于如愿考入了北京大学元培计划实验班。

2 学生成绩老是上不去怎么办

> 当我接这个班时,班级人心涣散,像一盘散沙,学习成绩也不尽如人意。经过一个学期的有效管理与教育,学生的纪律倒是好了许多,集体观念也增强了。可是一学期过去了,学生的整体成绩原地踏步,处于年级的末流。他们不用功吗?他们不努力吗?都不是,我发现大多数学生学习都很用功,但成绩却老是提不上去。对此,我该怎么办?
>
> ——广西钦州 温爱娟

稳招:纪律好而成绩不好的反思

学生纪律好而成绩不好主要有以下几个原因。

1. 纪律好仅仅是因为高压政策。孩子仅仅是因为怕老师而不敢违纪,这样的纪律好上三五年,学习成绩也不会有大变化。

2. 非学习活动转移了学生的注意力。从某种意义上说,活动能增强班级凝聚力和孩子们的自豪感。但是,过多的活动也会转移孩子们的学习注意力。孩子们不懂事,以为他们到学校来就是为了做这些事情,就是为了给老师争光、给班级争光。一旦得到表扬,他们劲头更足,读书倒成了副业。

3. 一味地要求孩子听话,压抑了其思维。因为要做听话的孩子,孩子把自己的想法隐藏起来了,把他们对老师的意见隐藏起来了,其思维受到了压抑。

4. 班级师资力量薄弱。学习是一件有技术含量的事情,师资力量薄弱也不行。

5. 学生基础差、能力不行,也是有可能的。

方法是解决问题的关键，班主任可以从以下几个方面来改变学生纪律好而成绩不好的状况。

1. 给孩子们讲透"高原期"的道理。最重要的是坚持，谁能坚持下去，谁就会胜利！

2. 让孩子的学习开窍。提高成绩，说到底还是一个科学方法的问题。掌握了科学方法，成绩提高就快。根据学生实际情况，帮助每一个孩子找到适合自己的方法。当他们豁然开朗的时候，成绩提高就快了。

3. 合理设置竞争对手。班级的整体成绩上不去，关键是缺乏一个领军人物。如果给他们设置一个强有力的竞争对手（哪怕到兄弟班级里去找也行），这个问题就能够迅速地得到解决。

4. 巧设奖品，激发自豪感。用那些学生家里用得着、自己用得着、送朋友也可以的东西作为奖品，学生们的学习劲头就会很足。

5. 挖掘榜样的力量。

6. 重视积累，不要迷信神话，提高学生成绩需要一个过程。

7. 给学生适当的压力。课文、段落、公式等，该背诵的背诵，该默写的默写，要尽量个个过关。

妙招：提升学生成绩的七个小诀窍

1. 预习做扎实。教会学生站在老师授课的角度，预测老师要讲的重点和难点，关键时刻不掉链子。

2. 准备作充分。提前把课堂需要准备的教材、教辅、文具、作业本、试卷、错题本等准备好，不要因为找东西错过老师的讲授时机。

3. 拒绝打扰者。不管身边同学和自己的关系有多好，也不管他们说的事情有多重要，除非老师临时宣布紧急状态，否则，旁边同学说什么都没有必要搭腔或者回应，一心只盯着老师。

4. 随时做记录。闲着就会走神。保持做记录的好习惯，用动作跟着老师，既有可视感，又有成就感，记录没有做好就是走神，可以进行自我批评。

5. 不钻牛角尖。教会孩子遇到不会的、听不懂的、超过时间还没想清楚的……要果断学会叫停自己的思维,用约定的方式在那个知识点上标记一下,先听课后追问。千万别钻牛角尖,尤其忌讳不懂时立刻去翻书和询问同伴,这样会漏掉更多的内容。

6. 把准关键点。注意下面五个关键时间点,成绩就会上升。一是开课前几分钟,老师布置任务和温故知新的时候;二是下课前几分钟,老师归纳总结的时候;三是老师敲黑板的时候,这时候一般是非常重要的时刻,老师会说"大家请注意""这个非常重要""我再重复讲一遍""我强调一下""这个问题的关键是……";四是复习总结的时候,一般干货都在这里;五是老师板书的时候,老师一般不板书,板书的内容一般都很重要。

7. 加强课后落实。把三分教、七分落实的道理讲给学生听,并在班上树立起课后落实成绩上升的榜样。记住,不要选尖子生,追赶尖子生会让学生绝望的。那些成绩一般,但是后来课后作业、复习扎实,成绩上来的同学,这样的榜样典型可以让更多孩子看到自己的未来。

绝招:号召学生"为我而战"

刘爱国是我的一位好友,在湖南师范大学附中教书。她高三临危受命,用一年时间,把一个倒数第一的班级,教成平行班第一的班级。

她是怎么做到的呢?鼓励学生"为我而战"。

1. 士气鼓舞——"为我而战"。刘老师问他们:"你们的奋斗目标是什么?如果你们淡忘了父母对你们的期望,丧失了自己的斗志,那么请告诉我,我们相处一年了,你们在意我的感受吗?"在学生给她肯定的答复后,她说:"如果你们真的找不到奋斗的理由,那么请为我而战,好吗?"

"我们记住,让爱我的人为我感到骄傲。现在请你们给我一个理由,让我为你们感到骄傲,让所有爱你们的人都为你们感到骄傲!"

她和学生关系很好,这个切入点,孩子们能够接受。

2. 动力激发——"你一直在我心中"。不要以为孩子很懂事,其实真正明白人生目标的不多,更多的是因为师生关系好。为此,刘老师和学生"打成一片"。教室里有她的专门座位,她和学生一起听课。好几次,外班学生来教室找人,发现刘老师坐在教室里,往往大吃一惊,而她的学生见此总会善意地一笑。

她常去寝室和学生们聊天,天南地北什么都说,不带教育目的,纯粹就是陪伴。有时候还哼点儿小曲什么的,弄得别的寝室的同学都很羡慕。她这样做的目的,是让每一个学生都意识到这一点,"你一直在老师心中"。

3.成绩分析——"我能,无限可能"。每次考试之后,她不仅"报喜不报忧",还常把学生提升空间分析给每个学生听。学生们听到的是:真不错啊,语文又是年级第一,物理进步了,这次进了前三,英语也有进步……

她深入分析每个学科的进步细节,每一科都能挑出进步的地方,然后与学生们分享。任课老师每一句表扬的话,她都会复述给学生听。这样,在"我们一直在进步"理念的支撑下,孩子们很认真、很努力,也很自信。学生们从内心深处流淌出一句话——我能!

4.家校联盟——"神助攻"。好些孩子成绩不好,是家长拖了后腿。为此,刘老师经常和家长沟通、交流一个话题:"如何成为孩子成长的神助攻?"他们每周研讨和学习,掌握科学的家庭教育指导方法。好些家长说,高三一年的研究和学习,可以弥补之前家教的不足。

终于,她们那个曾经在年级垫底的班级,高考重本上线率居全年级平行班第一,本科上线率高于年级平均水平。

3 学困生不想读书怎么办

> 我校是一所农村中学。我今年接手一个九年级班级，这是一个无论纪律还是学习都特别差的班级。全班几乎没有一个学生想读书，大部分孩子上课不拿书，相当一部分学生根本就没有书（折纸飞机了）。课上，他们不是睡觉就是说话，甚至在教室里随意走动。我上课时他们不敢动，也不敢说话，因为我是班主任，但他们满脸都写满了痛苦，浑身不自在，刚开始上课就盼着下课。面对这样一群不想读书的学生，我该怎么办？
>
> ——河南 苏一州

稳招：找对方法就能解决问题

1. 找准发展方向。每个学生都有自己的优势领域，让学困生换个努力方向，在优势领域体验成功，有利于他们健康人格的形成和学习积极性的提升。

2. 改变评价标准。学困生不是"差生"，是学习成绩暂时落后的学生。而且，不少学困生的道德品质是没有问题的，除了不爱读书、不会读书，他们并没有什么不良品行。我们要改变评价标准。

3. 做到"三个转变"。一是转变工作重心，要从重视学生的成绩转变到重视学生的成长需要；二是转移关注角度，要从关注纠正学生的错误转移到关注其优点、进步和心理需求；三是转换工作模式，要从注重班级管理转换到注重服务质量。

4. 找对学习方法。学困生成绩差，有智力因素，也有心理因素，但更主要的是没有找到窍门——没有找对学习方法。学生一旦找准了适合自己的学习方法，进步也就快了。

5. 培养良好习惯。很多学困生的一个共同特点是学习习惯不好，那就从改变学习习惯入手，告诉孩子集中注意力的方法，改变他们听课的方式，增加对他们的提问等。学习习惯是可以培养的。

6. 开辟"教育特区"。不要奢望"欠账"太多的学困生能在短时期内跟上其他同学的步伐，如果能够做到，他们早做了。对这些学生，我们需要尝试着开辟"教育特区"，有针对性地进行教育。小步伐，慢慢走，持续盯。

妙招：用科学的精神和策略关爱学困生

学困生问题，我们曾求教于天津著名的德育特级教师张万祥，他给我们的建议是——用科学的精神和策略关爱学困生。建议一共有四条。

1. 科学地查找原因。学困生成因复杂，有先天性智力障碍的，有学习行为习惯不好的，有学校教育或家庭教育失当的……只有把形成学困生的关键原因找出来，我们才能对症下药。

2. 科学地寻找出路。出路不科学，一个尖子生就有可能走上厌学之路。当孩子在一条道路上不能取得成功时，我们要反思一下，是不是他们努力的方向本身就是错的。要求一个有体育特长的孩子在文化课上取得优异成绩，这种做法本身就是不恰当的。因材施教的本质就是，给孩子寻找一条适合自己的发展道路。

3. 科学地设置心理期待。我们得明白一个事实——并不是所有的孩子都能够成为学习上的佼佼者，孔子弟子三千，贤者也只有七十二人，把孩子教育成人是我们教育的重要目标。我们要有良好的心态，教师的心态好，学生才能够心态好。当孩子考了倒数第一名而伤心时，我们要引导他重拾信心："太好了，你再也不用担心往下掉了。现在你每多考1分就是进步，前进一个名次就是成功！"老师爽朗的开导会让孩子心胸开阔，进而重拾信心。

4. 实施科学的教育方法。教育学困生时要注意三点：一是要注重激发孩子的学习兴趣；二是要科学地搭建帮扶工具；三是要科学地进行有效课堂教学。我重点谈第二点，好些学生不会读书，是因为没有工具，不知道怎么做。我们要把搭建学习工具作为重点项目研究。这方面，我们创新实验学校有很多工具（方法和策略），可以分享给孩子们。

绝招：开一场就业招聘会

学生大面积厌学，怎么做工作呢？强力推荐著名班主任贾高见老师的"读善其身"班会课。这个班会课以用工招聘的方式，倒逼学生思考一个很现实的问题——我们凭什么去挣钱。

班会课的程序很清晰，一共五步。

1. 说说读书和不读书的好处。这个环节一定要允许学生说真话，真话越多，后面"打脸"就越快。果然，在孩子口中，读书好处只有三四条，不读书的好处有十来条，"可以玩、没有人管、不写作业、可以打游戏、玩手机、谈恋爱、想怎么睡就怎么睡……"最重要的是，还"可以早点挣钱"。这时候，用一个问题问懵孩子们："既然读书好处那么少，不读书的好处那么多，为什么这世界上所有国家的家长都要求孩子们读书呢？他们傻吗？"

2. 接着做就业应聘体验活动。既然大家觉得"不读书可以早点挣钱"，来看看能挣多少钱。于是，从小区门卫开始，1500元一个月，还要熬夜，然后到保险公司业务员、国企员工、大集团老总，让孩子们认识到一个问题：虽然不读书可以早点挣钱，但是读书之后可以更好地挣钱。好多孩子自己也说，其实打工，最脏最累钱最少的活，都是没有文化的人在做。他们自己说出来，比我们说出来好多了。

3. 回答读书无用论的问题。这是一个永久性话题，每个时代都有。贾高见课件中用"北大屠夫"陆步轩的故事，告诉孩子们一个道理："不是读书无用，而是我们有没有让学识发挥影响力。"尤其是陈生和陆步轩成上市公司老总时那个问题，很具有杀伤力："同学们，请问你们身边有没有没读大学就杀猪的屠夫？"同学们说："有。""请问他们杀了十年猪之后在干吗？"同学们说："还在杀猪。""那么，陆步轩和陈生（这两个高考状元）杀了十年猪之后在干吗？""上市公司的老总。"读书无用论不攻自破。

4. 追问拼爹一族是否要读书。这个话题更有意思，问孩子们一个问题：

"有些人那么有钱,颜值那么高,为什么还要拼命考上那么好的大学?"孩子们明白,拼爹不可靠,拼命才可靠。

5. 最后回答打工是否还要读书。有些孩子只想普普通通、打工养家糊口就行了,哪怕开滴滴,还要读书吗?教师用自动化生产线、无人驾驶时代来临的视频,让孩子顿悟:劳动密集型行业正在消失,再不学习,打工都将走投无路。这不是贩卖焦虑,这是认清现实。

班会课后一个月,班级没有人迟到。校长让我在全校开讲,全校将近20天没有人旷课迟到。

4 学生不喜欢写作业怎么办

> 我们班这学期转入一名新生。他妈妈送他来班级的时候,反复跟我说,这孩子学习成绩不好,经常不做作业。他以前的任课教师,想尽了办法,试过说服教育招、处罚招、表扬招、爱心招,都无济于事。做家长的也为这事儿伤透了脑筋,不知道该怎么办。
>
> ——湖南宁乡　刘老师

稳招:给学生完成作业的技术支持

我教给学生高效写完作业的八个流程。什么叫流程?流程就是按照步骤去操作,一般不会出问题。

孩子高效完成作业的八个流程如下。

1. 写作业前吃好东西、上好厕所、准备好用品,桌面上做到"三有三无"。
2. 深呼吸一下,对自己说:"我现在开始愉快地写作业了。"开启写作业的积极心理暗示。
3. 对作业进行分段安排,限时完成。
4. 遵守作业期间不翻书、不间断、不离位的纪律要求。
5. 遇到不会的先跳过去。
6. 每完成一种作业给自己点赞一下。
7. 记录作业开始和结束时间,高效完成则奖励自己。
8. 按作业清单复盘和收纳好作业。

妙招：给不写作业的学生适当处罚

学生不做作业，就按照原来的要求做一遍，再加罚一些其他作业。不能不处罚，不然他们就认为可以讨价还价，也不会养成及时完成任务的习惯。而且罚的这些作业，要比原来要求更高，要能够提出新的解题思路或者方法。

这一要求，学生既能接受，又感觉有点儿难度。这是逼着学生养成认真完成作业的好习惯。下面是我们团队老师对学生不写作业或者没有完成作业的有意思的惩罚，我觉得值得和大家分享。

对学生不写作业或未完成作业的惩罚如下。

1. 取消一段时间写作业的"国民待遇"。
2. 补写作业并加罚一道题。
3. 完成其他能做的一个任务。
4. 罚他制定一份大家都喜欢的作业标准。
5. 取消一次他想做的事情的资格。
6. 罚他挑选出班级 10 份好作业并说出理由。
7. 罚他一段时间内每天汇报作业进度。
8. 罚他寻找写作业的 N 个好处或功能。
9. 让学生自己提出作业奖惩措施。
10. 真心话大冒险，说说自己不想写作业的原因。
11. 请他帮忙给同学们订正错题。
12. 让他自己填写作业催缴单，并按照要求完成。

绝招：用有趣的作业批改方式吸引孩子们写作业

在我们郑州市创新实验学校，我鼓励老师推行"手绘表情包"方式，给学生批改作业。老师和学生在作业本上良性互动，惹得一大批不写作业的学生眼馋。

我在很多地方都介绍过我校 90 后老师郭琳琳的作业批改方式，她用五次表情包批改作业，让孩子的作业写得越来越好，充分体现了我们学校"让作业成为孩子成长的一道光、一生温暖的回忆、一种人文的成长力量"的价值追求。

第一次作业，学生字迹潦草，琳琳老师委婉地批评道："作业略显粗糙，与本人气质不符。"配上一张老师沮丧的哭脸。言下之意，本人气质好，批评里暗藏着赞美，孩子当然高兴。

第二次，学生作业字迹工整了，琳琳老师马上手绘三联表扬的表情包："今天要做的事情，就是表扬你，表扬你，表扬你！"重要的事情说三遍，透过表情包，我们都能够感受到老师的激动。你说孩子会怎样呢？

第三次，孩子终于会分条答题了，琳琳老师掩饰不住高兴，手绘头扎红带的奋斗表情包："进步很大啊，加油！"

第四次，孩子的作业由敷衍走向认真，不仅书写工整，正确率还高，老师全部红钩到头。

第五次，孩子不仅分条写了，且书写工整。老师画一个扭动的、可爱的小熊表情包："哇喔，不仅会分条写了，还这么工整！离成功又近了一步，加油！"不仅仅告诉孩子为什么表扬他，而且还让孩子看到未来的希望——"成功"，孩子当然越来越喜欢写作业。

有老师问，我们不会绘画，怎么办？没有关系，网上多的是这样的表情包图章，我给每位老师配了一小箱子图章，一路盖过去，师生都喜欢。

5 学生要辍学怎么办

> 新学期开始了,有个别学生没有返校,打电话方知他不想念书了,理由如下:一是成绩提不上去,没有学习动力;二是现在大学生找工作非常难,如果考上一般的大学,感到没有什么出路;三是选择学习技术,可以早点就业,还可以省下一笔钱。该怎么劝说他呢?
>
> ——网友 暗香

稳招:为学生的前途作理性分析

很多老师反映劝学很难:学生学习没有动力,觉得大学生难找工作,不如早就业。问题果真如此吗?不一定!我劝学时主要讲下面三个方面的内容。

1. 上大学不是我们的目的,给自己增加就业把握才是根本目的。据调查,城镇居民收入和文化程度是成正比的。有大学文凭的人和没有大学文凭的人找工作情况是不一样的,无论在工资收入还是工作强度方面,大学生比普通工人的情况都要好。

2. 学习究竟有什么用?学习不能立马换钱,它培养的是你今后就业的一些基本素质,如勤奋、执着、细心、周密、严谨、敏捷、大胆等。成大事业者一般都具有这些素质,这和具体的知识无关,但和你的能力有关,更和你今后的谋生有关。虽然我们反对应试教育,但事实上学习成绩好的人基本上具备这些素质。不要迷信高分低能,那是特殊现象。所以,该读书的时候我们还得读。

3. 书到用时才觉少。好些学生辍学之后到工厂里打工,因为文化水平不高，车工看不懂图纸，钻工找不准位置，铣工把握不了火候，这时才觉得书读得少了。在基础教育阶段要打好文化基础，与其以后后悔，不如现在努力。

谈了这三个话题之后，孩子基本上会留下来。特殊的，进一步做工作也就好了。为学生的前途作理性分析，只要你说的有道理，他们是能够明理的。

妙招：爱的接力赛唤回辍学孩子

一次发烧，却被诊断出了白血病，季全红老爸的患病把本来就贫困的家庭推向了深渊。挣扎了两年之后，在季全红即将毕业这一年，他老爸去世了。

几个本家叔叔劝他妈："现在考上大学也没工作，不如让孩子退学吧，不然没有房子，对象都娶不上。"他妈本来就没有主张，加上确实人财两空，于是，开学三天了，季全红都没有返校。

我们去家访，无论怎么劝说，他妈也不松口，他也低头不说话。我只好回学校，把情况告诉同学们。有些同学说捐款吧，再来一次。因为季全红老爸刚患病时，我们已经捐了一次了。再捐，虽然能够增加一点收入，但能解决根本问题吗？

"我们要的是什么？"我问同学们。

"让他回来读书。"

"不，如果读书不能够解决前途问题，他会来吗？"我对同学们说。

"老师，季全红能力很强，有韧性，真考上一个好大学，以后会有好前途的。"

"怎么让他相信呢？"我问。

"我们大家轮流去说啊！"

"好，这个问题解决了。再问一个问题，他在家里难道就不能读书了吗？"

"没有环境啊，校内和校外还是有很大区别的。"团支书小雅说。

"老师，要不这样，我们组织志愿小队，一队帮助他传递上课资料，他可以自学；一队和他保持联系，别让他太消沉。"有同学建议。

大家说的都是好建议。我提议："最好能够让他继续感受到团队的温暖。要不，从今天开始，每天点名的时候，我们班轮流给他应'到'。不管他在与不在，作业批改、班级活动……我们班都保留着他的位置，好不好？"

这些办法有点儿虚，但是也没有更好的办法，试试呗。周末，大家轮流去给季全红捎带各种试卷、资料，并督促他把落下的学习赶上来，作业带回学校批改。他不会的，大家轮流去给他辅导。去的同学对他说："我们每天给你应'到'。郑老师说了，不管你在与不在，你永远是我们班级的一分子。"他妈妈听了，一个劲地擦眼泪。

我们接力应"到"半个月之后，一个周日晚上，我去教室查看情况，惊喜地看到季全红在座位上。我走过去，拍拍他的肩膀，他悄悄地说："老师，我回来了。"

绝招：三级联动去劝学

教务处送来各班辍学学生名单，要求每个班主任对三名学生进行家访。拿到辍学学生名单和家庭地址后，我直奔学生所在乡镇政府办公地，找到分管教育的副镇长："这是今年贵乡失学的儿童名单，请您安排乡镇干部、村干部和我们一起家访。"

这是惯例，为了确保义务教育阶段的学生不流失，每年开学初，我们都采取乡镇、村和学校三级联动的方式去劝学。

首先是新田村一组一个叫付美娇的初三女生，听说她已经和同村的民工去广东打工了。我们在一个五金加工作坊找到了付美娇的爸爸，他一身砂轮灰，在车间外的走廊上接待了我们。他说："孩子自己不想读了。"

"自己不想读了，家长就不送了吗？"他没有说话，静静地看着我们。

"九年义务教育，有家长有义务送孩子接受教育、孩子必须去学校接受教育、国家也有义务落实教育这三层意思。孩子不读书是违反《中华人民共和国义务教育法》的。按照政府规定，要强制家长到镇里去接受法制学习。

到时候，可能还会耽误您挣钱。"镇上的干部态度非常坚决。

"我们已经联系当地了，您孩子还未年满16岁，是童工，没有哪个单位敢收的。"我把丑话说在前头，"到时候不仅没有工资，还连累打工的厂子受罚，两头不讨好。"

村干部也一个劲儿地劝说："孩子回不回来，还不是你做老爸的说了算。现在干部、老师都把政策说清楚了，就让孩子回来吧！"

嘿，不到几分钟，付美娇的爸爸就给广东那边打电话了，让孩子赶在周末之前回学校读书。

一天走访，三级联动，辍学的三名学生都成功返校了。

6 如何杜绝学生考试作弊

> 从 2004 年开始,教育部对高考考试作弊做出了严厉处罚,只要认定一科考试作弊,所有科目成绩即全部作废。但是,考场作弊没有因为有关部门预防措施的严密、惩治办法的严厉而销声匿迹,平时考试仍然有学生作弊。作为班主任,我们如何杜绝学生考试作弊呢?
>
> ——江苏宿迁　秦立新

稳招:杜绝考场舞弊必做的七件事

1. 讲透不能舞弊的道理。考试的目的是帮助我们寻找不会的知识点,发现一处解决一处,靠舞弊糊弄过去,以后还是不会。不舞弊是对自己的负责。

2. 养成正确答题的习惯。在平时的测试中,严格按照考试纪律和应该注意的事项要求学生,从心态、答题姿势和进出考场习惯上加强训练,发现问题应及时提醒并处理。

3. 解决学生的后顾之忧。把成绩排名、分数曝光等做法去掉,同时也做好家长工作,形成学生无需作弊的学习环境。

4. 考前加强应试技巧指导。尤其是加强知识点的过关,学生能够实现自己的预期,他也就不想作弊。

5. 营造诚信考试氛围。采取签约、签名、宣誓的方式,强化正面念想。全员互相监督,舞弊行为就会减少。

6. 形成无法舞弊的环境。学生在入考场前,严格按照最高标准检查违禁物品,包括入场扫描、到座位上及走出考场,全部按照规范操作。所有无关物品一律放教室外，仪式感越强越好。

7. 加强处罚案例的宣教。详细解读考试规则，重点在违规人员处理案例的宣教上，这是"火炉法则"，让学生尽量没有侥幸心理。

妙招：将舞弊扑杀在萌芽状态

我痛恨作弊，一旦客观上存在舞弊，班上学风就坏了。因为舞弊分子将传递出这样的信息：在这个世界上不需要努力了，会作弊就行。

要想全面禁止作弊，就要在制度落实上下功夫，把舞弊消灭在萌芽状态。

1. 考前高压宣传，让其不敢舞弊。每次考试之前，我们反复把学校的考试制度、处理舞弊的具体措施和反面案例在学生中反复宣传，在学生中形成一种反舞弊的高压政策气氛。只有反复宣传，才能让学生从思想上害怕作弊。当你的处理使他们的损失远远大于作弊得来的好处时，作弊行为自然就会停止。

有一年我们学校端正考风的时候，宣布凡是考试作弊的学生，立即取消考试资格，并由学校安排专车送回家！而且政教处还租来了一辆微型巴士，一面贴好标语"严厉打击考场作弊"，另外一面贴着"舞弊学生勒令回家遣送车"，摆放在教学大楼前边。学生很受震动，那一年考风出奇的好。

2. 考中密切关注，让其不能舞弊。学生作弊成功，一定有监考老师失职的原因。我们从学生进入考点到出考场，把全部流程做扎实之外，还采用流动监督、巡考、视频监控、交叉检查等方式，避免监考老师出现失职行为。凡有违纪现象而监考老师没有发现的，第二天学校广播里监考老师要公开检讨，并扣除该老师的量化考核分。所以监考老师一进考场，就会规范操作，清理一切可能因素，让学生无法作弊。要想不处理学生，就要将舞弊扑杀在萌芽状态。不要觉得这样做太严厉了，实际上，形成了严厉打击舞弊的高压环境后，基本上就没有被处分的老师和学生了。如果有，那就是你的宣传不够，你还没有让他们意识到舞弊的代价有多惨重！

3. 追究班级责任，让学生不想舞弊。这个做法刚开始肯定有人反对，学校不能因为有人反对就不采取措施了，制度的尊严就在于它不可侵犯。班主任有压力，就会向同学反复宣传，严格要求，最后在学生中形成一种危机意识：学生作弊，班主任遭殃。聪明的学生是不会给班主任惹麻烦的，更何况他们自己也要受到严肃处理。这样做了三年，效果很好。

4.营造舆论导向，让学生不愿舞弊。经常性地对学生进行舞弊可耻的教育，宣扬只有真才实学才能够长久地处于不败之地。我曾在班上开展了"舞弊与偷盗""用真才实学开启明天"等主题班会，并对照考场视频纠错，让作弊者躲过了初一躲不过十五。舆论导向明确，就能够节省很多"防盗"心力。

绝招：虎头蛇尾法应对舞弊

"虎头"就是前面虚张声势，把端正考场风气、严肃学风的事情做得轰轰烈烈，把同学们考试规范和行为训练做得超级顺溜。

一是视频监考。学校大型考试均采用视频监控复盘的方式进行。考试的时候，摄像头打开，屏幕上显示每个学生的考试状态。大家互相监督，举报有奖。考试结束之后，采用小组轮流复盘的方式看监控视频，发现可疑行为就重新调出视频，慢镜头回放。这样学生就无法作弊，因为视频上都有记录。

二是诚信有奖。我们开设无人监考考场，愿意去的学生主动报名。只要不舞弊，不管成绩怎样，都能够获得综合测评加分。作风好的学生还有机会获评"诚信少年"，孩子们十分踊跃。

三是意志训练。我们知道，不少学生在作弊前都经过了强烈的心理斗争，理智败下阵来，才哆哆嗦嗦地"动手"的。这种现象的根本原因是意志薄弱。因此，考前采用多种方式培养学生的意志，让学生明白，很多贪官污吏正是由于意志薄弱而误入歧途的。关键时刻，要学会守住自己的底线。

这三件事情做得声势越大越好，学生就不想舞弊了。

"蛇尾"指的是什么呢？违规处理。真有学生违规了，尽量保密、低调、稳妥处理。千万别因为学生考试舞弊，弄出极端事件来，没有一个人会支持的。我们还为作弊学生举行过单独补考。原来的分数作废，重新考一遍，单独补考的孩子对此很感激。

7 毕业生心态浮躁怎么办

> 毕业之前，学生的心态特别浮躁。好些学生不读书、不听课，甚至还抽烟、喝酒。我问他们为什么这样，他们说心里烦躁。还有些学生说："老师，您就别管我们了，就剩几天，您让我们放松放松好不好？"我很着急。马上就要升学考试了，可是班上学生心态这么浮躁，怎么办呢？
>
> ——江苏　唐宏

稳招：牵手走过紧张的日子

在最后一个月的时间里，要使学生的学习成绩有一个较大幅度的提高已不太现实，与其大家紧张，不如牵手走过这段浮躁的日子。

一是引导学生客观地评估自己，确定合理的目标。目标过高或过低，易造成心理的过度焦虑或过度松懈。当学生明白自己成为不了别人，只能做最好的自己时，心态就稳定了。

二是淡化竞争，淡化成绩。毕业班平时的考试，分数并不重要，重要的是考试中暴露出的问题。学生最大的对手其实就是自己，所以，努力归努力，切勿惶惶不可终日。

三是帮助学生调整好心态。有些同学学习累了、烦了，就出去跑步、打球，有的女同学则做手工，总之都是做些让人高兴的事。我主张在学习中采取"欢欢喜喜，坚持到底"的态度，遇到困难不唉声叹气也是优良素质的一种表现。

四是保持适度紧张、适度兴奋。考前半个月左右，学校一般都安排考生回家自己复习，这是一个非常重要的修整期。告诉学生这段时间作息要规律，晚上不熬夜，早晨不贪睡，调整好"生物钟"。此外，要科学合理地用脑，不要给自己安排难以完成的任务，有时不妨"任性"点、"随意"点，以达到考试时"一见考题，就有胃口"的佳境。

五是让学生跳出题海，查漏补缺。不要盲目铺摊子，做大量的新题、难题，即便要做，也限定在20分钟之内，免得深陷其中，弄得心情不畅。最好采取"甩包袱"的策略，攻克一个，丢掉一个，这样，心情就轻松多了。

六是培养学生的"宁静"心智。"静以修身，俭以养德"，修身之道在一个"静"字。心中宁静，才会有饱满的精神状态去接受众多的知识信息。我教给学生多种保持"宁静"心态的方法，如"深呼吸法""冥想法""意念转移法""宣泄法"等。学生有事情做、有方法应对，心态就好了。

妙招："六个一"让学生心态平和

1. 每天一则能量朗读。一个人活着，需要精神支撑。精神上垮了，人就会垮。为此，我们每天坚持在黑板上写一段富有正能量的文字，大家接力写，然后全班集体朗读，对学生放松心态很有好处。

如考前能量朗读："行百里者半九十，意思是一百里路走了九十里才有一半的胜算，最后十里才能决定胜负。学习好比撒网，撒了12年的网，我们已经网进了不少鱼，谁有耐心，谁坚持得住，谁守得住内心的那份宁静，谁就能将网中所有的鱼收入囊中。稳定心态，做最坚韧的那个人，我们一定能成功。"

每天写，每天大声朗读，激励效果肉眼可见。

2. 每周一次心理团体辅导。由学校心理老师和班主任一起实施。我们告诉学生：当心中有不平之事，引起内心压抑时，找周围的同学、亲友、老师倾诉，并接受他们的帮助，你会活得更充实。千万别自己扛着，我们一直在你身边。如果心里不舒服，可以找个地方大哭一场、大叫一番，或通过写作、绘画、运动、听音乐、郊游等方式来宣泄心中的苦闷。无论采用哪种方式，只要让自己放松就行。需要强调的是，发泄的方式必须合理，不要胡乱发泄自己的消极情绪。

3. 每人一个技术支持。学生心态浮躁，是因为不知道怎么做，这时候空谈道理是没有用的。我们要关注具体问题的解决，给学生提供具体的技术支持。当学生关注每一个具体问题时，他的心思就不会无限度地扩散了。当他有办法应对时，就不会发慌。我们学校会把涉及人际交往、学科提分、考前策略等都做成工具单、策略墙，贴在教室墙壁上。当学生有需要的时候，"方法抬头可见"，他们心里就踏实。

4. 每月一场趣味运动。每年高考前半个月，我总会赶着学生出去玩，年级组也毫不例外地组织一些娱乐体育活动。这些活动要求全体师生共同参与，有趣味又安全。这些年我们做过很多趣味运动，如两人三足、毛毛虫、接力传球……积累下来有20多种。奖品是什么？大西瓜！一组一个，过足了瘾。

5. 每人站好一班岗。最好的教育就是陪伴，每到毕业季，我和搭班团队都会开一次会，协调最后值班陪伴的问题。进入高三的时候，家长志愿者也在班上值班陪伴。"高考是一场漫长的赛跑，现在要到终点了，我们要站好最后一班岗。"孩子们有压力、有冲突、有烦恼的时候，有人能解决问题，他们的心态就会平和。

6. 做好一次脱敏训练。我觉得毕业前学生心态浮躁并不可怕，可怕的是我们老师只盯着成绩而对这些因素不理不问。其实，只要做一些适当的脱敏训练，学生是能够平稳地渡过这个难关的。

绝招：我们一起把烦恼踩掉

每到考前学生心理焦虑时，我们会进行一项传统活动——踩气球。

我们把孩子们痛恨的东西，如压力、烦恼、不及格等，写在几个气球上，然后摆放在教室后面的空地上，大家一起去踩。我们称之为"踩烦恼"。

为让这个活动变得更有意思，我们还专门设计了一个微班会，全班一起行动。主持人兴奋地说道："同学们，现在就把写着你们烦恼的气球狠狠地往地上砸，踩碎它们！踩！踩！踩！消灭那些烦恼！"

"砰！砰！"同学们使劲地踩，气球在脚底下炸响，大家一个个神清气爽。

我会趁机对孩子们进行思想引导:"大家看,那些让你烦恼的事就像气球一样脆弱,只要你敢于面对,我们就能消灭它们,对不对?"

"对!"学生们坚定地回答道。

压力是客观存在的,说没压力是掩耳盗铃。这样一些小游戏、小活动,耗时几分钟,有节奏地安排落实,学生就会放松了。

8 学生考前焦虑怎么办

> 有些学生一到重大考试就会很紧张,失眠、心跳加速、心慌、坐立不安,甚至考前做练习手都会发抖。我告诉他们一些办法,如站起来运动,深呼吸,可是对他们没有什么作用。对于考前特别焦虑的孩子,我们该怎么帮助他们呢?
>
> ——青海 毛富民

稳招:焦虑的放松重在平时训练

焦虑的放松重在平时训练,如果不练,是收不到什么效果的。尤其是高考前紧张的时候,临时练习,那只能忙中添乱,作用不大。

调整心态的方法有很多,但都需要练习。比如说深呼吸,我经常跟考生讲,你不要小看深呼吸。深呼吸学好了,运用熟练了,高考时遇到困难或紧张,你就可以运用深呼吸来解除自己的困惑,缓解自己的紧张情绪。不少同学说他会深呼吸,我让他做一做,他其实不会,使劲吸,吸完说头晕,不但没有效果,反而造成头脑不适。

深呼吸的要领就是缓慢地、有节奏地吸气,然后缓慢地、有节奏地呼气。在缓慢地、有节奏地吸气之后,最好停一下,再缓慢地、有节奏地呼气,这样效果会很好。呼气时嘴稍微张开一点,这样你会感觉前胸放松了,心情自然也就放松了。

心理健康教育是一种体验教育,也是一种感悟教育,更是一种习惯教育。大家只有把别人的经验和自己的亲身实践结合起来,加以融会贯通,变成适合自己的、比较系统的、有成效的心理调节方法,才有用。

我平时对学生加强以下三种心态放松训练。

1. 矫正认知。(1)让学生对自己的种种担忧进行清理,列出清单,按照一定的顺序排列;(2)对自己的担忧进行分析,哪些是合理的,哪些是不合理的(常常是不必要的),担忧会造成哪些危害;(3)提出解除合理担忧的正确方法,放弃不合理的担忧。实践证明,这套认知程序有助于学生理清情绪和困扰,解除不必要的甚至是"自己吓唬自己"的种种担忧,使焦虑心理得到缓解。

2. 改善行为。我给过于紧张的学生开的"药方"是:(1)调整自己的作息时间表,每天保证至少八小时的睡眠;(2)减少练习量,丢掉"坛坛罐罐",特别是不要去做难题、怪题,把精力放在理解知识的基本内涵和理清教材的知识体系上;(3)丰富学习生活,通过参加一定的文体活动适时放松一下,我甚至提倡学生在考前进行一次短途郊游。

3. 积极暗示。我告诉学生,要用积极的内在语言来暗示自己,也就是寻找积极的内在对话。例如,对自己说"没什么好紧张的,深呼吸两次就好""考试内容我都复习到了,剩下的就是收获""我学习尽力了,考试结果一定会好""我都觉得难,别人一定更差"等。

妙招:不能改变成绩,那就改变心态

我跟很多人讲过1991年的那次高考。那次,我向来擅长的数学只做了100分的试题,后面还有整整50分没有动笔。考试结束出来,数学老师说:这样的题目你应该至少得135分才对。我的心情糟到了极点。

反正不能改变高考成绩了,晚上我们去看电影。那一夜,我们瞒着老师到县电影院看了两场电影,一场是《多此一女》,一场是《离婚协议》。电影荒诞滑稽,我们笑得肚子都疼了。回来之后,书也没有看,洗完澡就睡觉了。第二天考试的科目,我的成绩出奇的好,物理考了148分,英语考了127分,第一天的语文考了134分,如果不是数学只有97分,那年我的高考成绩将超过国内任何一所重点大学的录取分数线。

在应对考前焦虑时,我对家长和学生说得最多的一句话就是:我们不能改变考试了，那就改变自己的心态。痛苦也是生活，快乐也是生活，人生为什么不快乐一点呢？我常常和考生、家长分享下面这个小故事：

一个女人千里迢迢来到丈夫驻军的沙漠基地里。丈夫奉命演习去了，她一个人留守在基地的小铁皮房子里。天气炎热，也没有人可以聊天，她非常难过，于是写信给父母，说要丢开一切回家。

她父亲只给她回了两行信，这两行信却永远地留在她心中，完全改变了她的生活。这两行信是：

两个人从牢房的铁窗里望出去，
一个看到泥土，一个却看到了星星。

她一读再读，非常惭愧，她决定在沙漠中寻找属于自己的星星。于是，她开始和当地人交朋友。他们的反应使她惊奇，她说对他们的纺织、陶瓷感兴趣，他们就把最喜欢但是又舍不得卖给游客的纺织品和陶瓷都送给了她！她开始入迷地研究沙漠里的一切，包括仙人掌、海螺壳，还有土拨鼠……沙漠、日落、遍地黄沙，这些原来难以忍受的环境变成了令人振奋的美景。她为自己的新发现兴奋不已，并写了一本书——《快乐的城堡》。这个女人叫塞尔玛，是美国著名的女作家。

其实，沙漠没有变，周围人也没有变，改变的是塞尔玛的心态。一念天堂，她原来认为的恶劣环境变成了一生中最有意义的冒险。她终于从自己制造的牢笼里，看到了星星。

有一句话叫退一步海阔天空，也有一句话叫退一步你可以跳得更远。当我们不能改变已经过去的考试时，可以改变我们的心情，这样我们就会像塞尔玛一样，找到属于自己的星星。

绝招：临考前给孩子六个锦囊妙计

1. 积极的心理暗示。遇到难题时对自己说：这么难的题目，连我都做不出来，别人自然也做不出来。攻克难题时对自己说：这么巧妙的方法别人肯定想不到，这下又比别人多拿了 10 分。遇到简单的题目对自己说：看来这次考试我非考高分不可。这样，不论难易，自我感觉都非常良好。只看积极的，不想负面的，负面情绪就不会影响自己了。

2. 留出容错的底线。高考状元王其光的迎考心态很轻松，每科考试的时候，他都事先给自己留了错误底线。比如，英语完形填空共 20 题，他允许自己错 3 个。这样，当他遇到第一个、第二个拿捏不准的时候，他就不会慌张，也不会影响后边题目的解答了。

3. 终止胡思乱想。告诉孩子：一旦开始浮想，就用意念把它中断。让孩子对自己说：这三年是踏踏实实地走过来的，根本没有必要去担心什么，该睡觉的时候睡觉，该学习的时候学习。偶尔思绪飞扬起来了，就马上对自己说：停住。这个做法很好，一般学生都能及时终止自己的一些胡思乱想。

4. 保持好常态作息。很多家长高考前格外紧张，老早就改变了自己的生活习惯。实际上这样不好，家长紧张，就等于暗示孩子，你也要紧张了。这会给孩子造成很大的压力。成大器者临危不乱，要想高考取得好成绩，我们就不要事先乱了自己的阵脚。

5. 适当地活动一下。适当地做一些体育运动，可以缓解心理压力。如果不能爬山，就去逛街吧，即使什么都不买，也能让心理放松。高考状元吴诗士缓解自己紧张情绪的办法是长跑。每天放学后，只要有时间，他就会和好友一起到操场上跑几圈。临考前，越练习感觉越乱，散步和长跑缓解了他的紧张情绪。

6. 悦纳糟糕的局面。高考之前，很多人都会失眠。哪怕平时从不失眠的人，这个时候都有可能意外失眠。失眠了怎么办？学会接受它。我告诉学生，青春的生命力旺盛着呢，一两天没有睡好影响不了你的发挥。孩子一旦从内心接受它了，就不觉得紧张、害怕了。

第六章

班级文化建设六问

1 从哪些方面入手建设班级文化

> 文化是电磁场,能对我们班内的每一个学生产生"场"的作用。巧妙地运用班级文化建设,我们的班级管理将上一个崭新的台阶。问题是我们该从哪些方面入手建设班级文化呢?
>
> ——湖南邵阳　刘爱均

稳招:照清单做好基本的物质文化建设

我习惯于从简单的事情开始做,这样容易建立起工作自信。下面是我给学校新班主任提供的"班级物质文化建设清单"。

清单以空间顺序为线索,从教室门口到后门墙壁,以举例的方式提供了一个任务清单样本,供大家参考。

序号	场所	相关主题	文化载体	时间
1	门口	门牌文化	班牌、班徽、标志、楹联、合影	期初
2	前墙	底线规则文化及日常管理	纪律墙、专题牌、课程表、时间表	期初
3	黑板	板报及课堂互动文化	板报、励志语言、提示语和日常互动	全期
4	两侧壁	学习方法、学习成果墙	学习方法墙、成果展示墙、书包柜	全期
5	窗户	节日、点缀文化	窗花、窗贴、励志语言、盆景	全期
6	地面	礼仪及自律文化	开门角、一平方米自律空间、进步线	期初
7	天花板	星级评价、励志文化	星级评价榜、横梁励志标语口号	周月
8	课桌	习惯修炼、小组文化	组牌、个人修炼单、品质训练表	每天
9	功能角	图书、卫生、心理	功能小角落的设置、家居相片	全期
10	后墙	考核、激励文化	晋级榜、展示墙、各类学习园地	全期
11	外墙	成果展示文化	手抄报、创意作业、手工作品、文创等	全期

清单设计按照场所、相关主题、文化载体和时间 4 个维度安排，从教室内外的 11 个区域，梳理了班级物质文化建设需要考虑的最基本的事情。

清单设置有三个基本原则：一是规则在内，成果对外，符合内强修养、外重激励的原则；二是讲究实用，针对性强，比如说底线规则放在教室前墙上，学生每天抬头就能看见；三是贴近学生，正向引领，文化建设内容都遵循正面导向原则进行。

不要担心好不好，先按照这个清单做起来吧，绝对就是像模像样的特色班级。

妙招：一表提升精神文化建设的档次

班级文化建设由物质文化、精神文化、制度文化、活动文化、行为文化、组织文化等构成，对学生影响最大的也是最关键的因素，就是精神文化。精神文化的高度引领着整个班级文化建设。

怎么做好精神文化呢？我们用一张表格，把最核心的七项内容涉及的要素给大家梳理出来，并在最后一栏做了举例。参照这表格做了，您的班级文化建设一定会上一个档次。

一级目录	具体要素	内容案例
1.建班理念	班级使命	看见教育最美好的样子，遇见你我最美的样子。
	班级愿景	让每个人都成为一个伟大的传奇。
	班级目标	做受欢迎、有力量的人。
	班名	星座一班、兰泽 208 班、瑾瑜班。
	班训	"团结、紧张、严肃、活泼"，或者"我和他们不一样"。
	班级格言	"不拼不搏，人生白活""让刻苦成为习惯，用汗水浇灌未来"。
	班级口号	建班之初："创美好班级，启青春梦想"；建班中期："学贵有恒，天道酬勤"；毕业前夕："乾坤未定，你我皆是黑马；胜负未分，一切皆有可能"。

第六章 班级文化建设六问 · 169

续表

一级目录	具体要素	内容案例
2. 班级精神	价值观念	为爱读书，让青春自由。
	信仰追求	独立自主，合作民主。
	行为准则	不屈不挠、永不认输。
	群体气质	豁达乐观、团结友善。
	精神操守	不放弃任何一个同伴、我们大家一起走。
	精神成长史	体现为班级日志、班级档案、班级历史馆等。
3. 班级舆论	正向思维	每天一则正能量语言朗读，正面解决问题。
	主流班风	"让他人因为我的存在而幸福。"——茨巴尔（苏联作家）
	班刊班报	《传奇一班》《星座一班班报》。
	班级论坛	星座小论坛、今日开讲、每周一说。
	文化展板	案例略。
4. 文明创建	学习品质训练	如眼到、手到、心到、口到的具体要求。
	班级美语	同学们日常交流的30句美语。
	主题教育和班本课程	恋爱课程、自律课程、爱国课程，"农历的天空"。
	风气建设	"传承好家风""历史上的今天""学霸笔记"。
	文明礼仪	候课礼仪修炼、青春期必须注意的50个小细节。
	专项活动	"考试——诚信与我同行""为自己负责，为生命喝彩"。
5. 文化生活	影视阅读	适合青春期看的20部电影。
	休闲娱乐	"我们这样过寒假""暑假你好"。
	班级节日	班级诞生日、我们的班诞节、十八岁成人礼、"哦，十四岁"。
	班歌	流行歌曲，可套用曲谱自己写词，可曲谱歌词全原创，AI智能生成。
	特色活动	智爸慧妈大讲堂、今天我当家、我是小能手、智慧大脑。
	仪式典礼	开班仪式、我们的晋级典礼。
	兴趣社团	（具体略）坚持自生长自组织原则进行，不一定要长久。

续表

一级目录	具体要素	内容案例
6.评价激励	综合素质评价	可参考国家综合素质评价创建自己班级评价机制。
	个人之星	勤奋之星、智慧之星、上进之星、善良之星、道德之星……
	晋级打榜	贝多芬记忆挑战赛、科举制背诵比赛、我的学习江湖榜。
	班级之最、感动之星	最强大脑、最快背诵王、感动2023年度之星、感动青春……
	荣誉体系	建立至少三年或者小学六年的一贯升级机制。
7.物化成果	班徽、班旗、班牌	班级标志建设。
	班服	学生个人身份认同。
	班花、班级吉祥物	班级文创小产品。
	班级档案	《我们的脚印》《成长口袋》《星座二班的档案》《不说再见》。

绝招：班级口号喊出竞争力量

受团队最牛老师刘洋的影响，为激活班级活力，我鼓励27班、28班两个班级喊响最强班级出操口号，相互竞争。

27班的班级口号是"二七二七，创造奇迹，天天向上，唯我第一"，节奏和气势非常好。28班也不甘示弱，喊出"辉煌二八，魅力芳华，果断勇敢，铁树开花"，把班名也镶嵌进去，一时成为学校的一道风景。

一个月之后，27班换成新的口号："激情飞扬，拼搏自强，二十七班，打造辉煌"。最后一个字几乎都是开口呼，气势更为强劲。

"在哪跌倒，就在哪爬起。先不管成绩比不比得过，口号气势不能够输。"28班也喊出了"二八二八，坚韧不拔，奋力拼搏，全班清华"。

坦白说，虽然口号借鉴了山东淄博一中刘洋老师的成果，但是效果也依然很好。两个班那段竞争的岁月，让每个学生都收获很多。

今天讲述这个故事，目的是告诉大家，他山之石可以攻玉，同行的好做法其实也可以复制的。

要不您也试一试？班级文化也许会有新的起色。

2 班级文化建设要抓住哪些重点

> 一说到班级文化建设,老师们就觉得头大,这是务虚的东西,摸不着看不见,不知道怎么办。请问,我们该抓住哪些关键词,做好班级文化建设呢?
>
> ——江西赣州　李海涛

稳招:重要的是营造气氛

在班级文化建设上,我觉得重要的是做了什么,营造了一种什么样的文化气氛。这种文化气氛的营造过程,比结果更能凝聚人心。

我曾经接手过一个超级差班。差到什么地步呢?班上没有一个孩子喜欢读书,没有一个孩子有读大学的愿望和想法,因为那是由全校成绩最差的学生组成的一个班。要想学生在学校里不捣乱,就要给他们找点儿事情做。于是,我就和他们一起建设班级文化。

我对他们说:"我们在文化科目上掉了队,我们就要从班级文化上让别人注意到我们。"于是,我交给他们一个任务:为我们班起草一首班歌,设计一个班徽,打造一种班级精神,喊出一个班级口号,从而达到更新一个班级形象的目的。我把它们概括为"五个一"。

差班的学生并不是脑子太笨,而是脑子太聪明了,喜欢的东西太多,以至于学习没有搞好。我要他们搞班级文化建设,这下他们可有事情做了。于是,擅长美术的孩子找来颜料和纸笔,喜欢唱歌的孩子弄来电吉他,还成立了班级乐队。最让我出乎意料的是,班上成绩最差的宁建成,居然写得一手好字。原来从小学到高中,他听不懂课,又怕老师骂,于是就练字,没想到练出了一手好字。于是，我就任命他为班级日报的主笔。他说自己不会写文章，这好办，我又另外给他安排了三个助手。

在我的引导和鼓励下，我们班的班级文化建设迅速开展起来了。半个月后，教室、寝室面貌焕然一新，黑板报、手抄报在全校引起了很大反响。尤其是学生创作的班歌，经过他们几个的演绎，居然在全校流行起来了。这下，孩子们成了学校的红人，国庆晚会、元旦晚会上，那三个"歌手"的节目成了压轴戏。

由于孩子们人人有事情做，渐渐地，打架捣乱的没有了；最喜欢捣乱的三个孩子成了校园歌手，再和人家捣乱，会影响自己的形象；逃课的也少了，因为没有人一起了，一个人在外边比在教室里还难受。

妙招：参考这些小点子，你能够做得更好

案例1：手工制作的个性化班牌

不少班级门牌都是学校印刷的，没有学生的参与或制作，缺乏生活气息。我们学校不同，"美术2班""西莫规范字"，孩子们自己动手制作，自己手写，非常有创意。

案例2：天花板上的星级评价

星级评价放在天花板上，简直太巧妙了——孩子疲倦的时候抬头看一看天花板，看一看那些同伴中的榜样，或者自己的头像，是不是感觉特别不同？星星在天上，榜样之星在头顶……反正，我很欣赏这个创意。

案例3：地面上的开门角

这是我们创新实验学校的一贯做法：在门下面做一个量角器，科学地规范了孩子们开门的角度，给学生们运用数学提供了场景。

案例4：黑板上的每日能量朗读

每天早上一则能量朗读，写在黑板上。针对昨天或者前天的问题提出正

面解决措施,全班朗读。一天一天的积累,从而形成一种不抱怨、不发牢骚,正面解决问题的正念想文化。

案例 5:教室里的衣物架和书包柜

我们尝试在低年级教室里装设衣物架,供孩子们悬挂衣服。尝试把两侧墙壁做成孩子们的储物架,课桌里摆放不下的小东西都可以放那里。当教室里的设备、设施和他们的生活产生关联,孩子们对教室的感觉绝对不一样。

案例 6:教室前墙上的规则训练

上课有哪些基本规则,下课有哪些基本要求,聚集时需要注意哪些方面……这是学生校园生活最基本的规则。三五几条,张贴在教室前墙上。孩子们抬头可见,老师适当提醒,规则教育就相对容易得多。

案例 7:窗户上的新年透明贴纸

窗户也会影响人的心情,窗明几净,大家心情要轻松愉快得多。干净透亮的玻璃上,贴一些透明的励志小贴图,新年的时候贴一张喜庆的透明画,大家的感觉瞬间就会不一样。

希望这几个小案例能够给大家带来一点启发,让大家班级文化建设的灵感跳动得更活跃一些。

绝招:培养积极向上的班级舆论

德国教育学家斯普朗格说:"教育绝非简单的文化传递,而是人格心灵的唤醒。"[①] 积极健康的舆论就是唤醒学生心灵的好武器。

为此,我们要做好下面四个方面的工作。

一是始终坚持正确的是非观念。不要以为孩子们大了,他们会有自己正确的是非观念。如果你这样想,那就错了。比如说,有时候在孩子们中间

---

① 邹进. 现代德国文化教育学[M]. 太原:山西教育出版社,1992:73.

会流行这样一些顺口溜："太阳当空照，骷髅对我笑，小鸟说早早早，你为什么背上炸药包？我去炸学校，老师不知道，一拉弦，赶快跑，轰隆一声学校就没了。"这样的顺口溜传达出了厌学、消极和暴力的观念。也许孩子们在传唱的时候，没有意识到这当中有观念问题，只觉得好玩、有趣，于是就传播开了。但是我们不能不管，必须明确地告诉他们，对于这样消极的顺口溜，我们要旗帜鲜明地抵制。

二是身体力行鲜明的价值导向。如果你在班上倡导爱护校园、爱护一草一木，自己就不能抄近路、从草坪中间过去，那样孩子们就会对你的话表示怀疑。如果我们对孩子们说要守时守信，自己却迟到十来分钟，甚至今天的作业拖到明天批改，孩子们就会私下嘀咕："我们迟到有什么大不了的呢，你自己不也这样？"如果我们在班上倡导艰苦朴素的作风，自己却吃不下学校里的包子、馒头，你让孩子们凭什么相信你讲的话……学高为师，德高为范，我们这样做了，孩子就知道什么是正确的。

三是要大张旗鼓地树立榜样。只要是好事，不论大小，都要及时给予学生表扬。这样，不仅受表扬的孩子感到有面子、有成就感，还能够促成人人为集体做好事的风气，形成良好的班风。孩子的心灵是一块干净的土地，如果好的作风你不支持、不表扬，那么坏的思想作风就会乘虚而入。

大张旗鼓地表扬，就是让孩子明确地认识到，什么是好的、什么是值得肯定的。

表扬的时候不要吝啬你的热情，如果你仅仅是冷淡地说一句，孩子们就会认为，这件事情不值得去做，或者意义不大。你要在表扬里由衷地表达着你的赞美、你的激动，你可以自豪地告诉他们，你会因为他们的表现而骄傲。多次表扬之后，班级舆论导向就变得鲜明了。

四是营造良好和谐的人际关系。班级舆论积极与否，主要取决于两点：一是舆论事件的特征，二是舆论传播者的情绪状态。班级人际关系的好坏，对这两点都有影响。一个很明显的道理，紧张的人际关系容易导致不愉快的事件发生，而不愉快的事件则容易引发消极的舆论导向。这就不难解释，为什么师生关系紧张的时候，很多好事情都容易变坏。要形成一种健康向上的班级舆论，就必须营造和谐的人际关系，只有人和谐了，班级才会和谐。

3 班级没有凝聚力怎么办

> 什么时候最孤单无助？就是你充满激情地想带好一个班级，整体措施都在心中设想好了，却发现整个班级一盘散沙，没有丝毫凝聚力，你说什么都是泥鳅入海，没有任何回声。请问，面对这样的班级，我该怎么办呢？
>
> ——青海海晏 刘汉卿

稳招：寻找班级"核心"

缺乏"核"，温度再低，水蒸气也不会凝结成水，班级也是如此。但一旦有了"核"，就会很快凝聚起来。

因此，要增强班级凝聚力，就要做到以下几个方面。

1.打造核心人物。一般来说，班主任是班级的核心人物，班主任开朗、亲和、阳光、上进，学生对他的依赖感就强，班级的凝聚力自然也强。反之，班主任冷漠、守旧、死板、偏心，再怎么有水平，班级凝聚力也不会很强。因此，班主任把自己打造成一个亲和的、富有号召力的人物，往往是打造班级核心的最简单的办法。

其次，寻找有号召力的核心学生，让他做班长。一个班级数十个人，不可能没有具备号召力的人物。仔细观察，这些人物很快就会被发现。某年，我接了一个组合班级，开始孩子们做什么都不积极。后来在一次晚会中，我发现一名叫黄海的学生，街舞跳得很棒，他的一曲街舞，让同学们兴奋得手舞足蹈。于是，我就任用他做班长。尽管他的成绩差，但他有好多优点，如好奇、大胆、易接受新事物，有一定的组织才能。没过多久，班级就在他的带领下凝聚在一起了。

2. 提炼核心理念。班级缺乏凝聚力的时候，学会从孩子们喜欢的名言警句和他们的常用语中提炼班级核心理念，并把它浓缩成一句话、一个词语，一个奋斗的暗示，这有利于增强班级凝聚力。

那年冬天，我刚接班，学校就开展了班级篮球比赛。可是，我们班同学反应特冷淡，高手不愿意出场，游离在班级外，怎么办？我思考了很久，决定用1998年世界杯主题曲《生命之杯》中那几个激动人心的"Go——Go——Go"来为他们加油。这首歌的旋律广为流传，很有气势。

于是，在比赛之前，我让学生在教室里面"演习"了一番。比赛时，我带头怒吼"Go——Go——Go"。我们做法时髦，对方喊"加油"，喉咙喊破都没有我们班有声势。结果，我们班出人意料地战胜了原来比我们强大的对手。从此以后，"Go——Go——Go"成了我们班胜利的一个象征，大家有事没事就喊"Go——Go——Go"，班级气氛很快就热烈起来了。

3. 开展核心活动。孩子们都喜欢玩，好玩是孩子们的天性。利用班级活动凝聚人心，是短平快的好办法。在开展班级活动时，我们要注意尽量让所有同学都参与进来。切忌让一部分学生游离在班级活动之外，因为涣散人心的，就是那些没有参与的学生。而且，我们要在班级的众多活动中，寻找和确立一种能长期开展的、能塑造良好品德的核心活动，经常做，换着花样做。这样，班级就会有一个比较明确的奋斗方向，核心凝聚力很快就会形成。

妙招：增强班级凝聚力的五个细节

1. 让每一个孩子在班级发光。这是协同系统。班级有无凝聚力，不是靠虚的口号，而是靠关注每一个孩子的细节行动。尽可能多地创设班级参与岗位，官方的、民间的、社团的……让每一个孩子都在班级有事情可做，都能够感受到价值。有时候，我们一个班级有20多个社团，孩子们星期天都想来学校。

2. 寻找一个共同认同的目标。这是归属系统。比如我们经常对学生说的

"创建一个伟大的班级""让班级成为每个孩子做梦都想去的地方",这样的愿景越宏大,孩子们越觉得有吸引力。

3. 形成公平公正的评价环境。这是动力系统。在人心凝聚上,有一句话,"保护比激发更重要"。如果我们对学生评价、奖励机制不公平、不公正,班级人心瞬间就会涣散。因此,班主任要时刻提醒自己,确保对每一个孩子公平公正,因为每个孩子都需要被"看见"。

4. 创建和谐有效的沟通机制。这是支持系统。老师好说话,同伴没有互相孤立的行为,大家不拉帮结派,这个班级就有凝聚力。不然,恶语相向,搞小团体,班级凝聚力就不强。

5. 形成"我为人人"的团队文化。这是价值系统。为什么李镇西要引用苏联作家茨巴尔的"让别人因为我的存在而幸福"这句话作为班级格言?因为这句话传递出了人与人之间的关心和温暖。我们班的格言"成就对手,就是成就最伟大的自己"之所以被大家喜欢,就是因为高考的时候,我们不是在班内竞争,而是同省竞争。把对手培养强大,我们就随之强大,理想就容易实现。要想班级有凝聚力,就要形成一种"我为人人"的团队文化,让大家因共同的价值观而有自豪感。

绝招:一起接受一项挑战

生命在于运动,团队在于活动。一个班级如果不经常开展活动,再有凝聚力的班级,最后也会人心涣散。

活动是凝聚人心的重要载体,尤其是一起接受一项挑战并成功的人,感情会更深。因为路过你的路,因为苦过你的苦,所以更愿意和你继续接着走。这也就是俗语常说"亲戚不如朋友,朋友不如学友,学友不如战友"的原因。战场上把生命都交给对方了,还有什么不能相信的呢?

我们常主动设计一些有助于激发班级凝聚力的小活动,哪怕举行一次年级广播操比赛、开展一场运动会,或者更简单,就是举行一次拔河比赛都行。这些年,好多关注我们创新实验学校微信公众号的老师们都知道,我们经常举行各种班级之间的比赛活动:趣味运动会、学科比赛、足球王者、班歌比赛……

开展这些活动的时候，因为团队要夺第一的目标，因为有我参与的自豪，因为人人努力的氛围，因为我们共同付出的过程，班级凝聚力就越来越强了。

爱有一个基本原理，叫"越付出才越爱"。我曾经问过一些孩子，他们纯粹是啦啦队，但把家里的鼓都拿出来，喉咙都叫嘶哑了，值得吗？他们回答："这是我们班啊，我就想我们班赢！"看，道理多么简单。

如果您觉得班级凝聚力有问题，我建议，挖空心思都要找到一项有挑战性的活动，让孩子们一起去做。一起挑战并取得成功的人，彼此更容易认同。

4 如何构建书香班级

> 近年来,我在教育在线、各个班主任论坛和自主教育实验专栏或群里,看到好多老师都在进行书香班级建设。郑学志老师常说:会读书的孩子不会变坏。我也很想组建一个书香班级,可是我心里一点底都没有。请问,构建书香班级,要注意些什么呢?
>
> ——广东深圳 何海东

稳招:构建书香班级七部曲

1. 找准一处好地方。这个地方出入方便,大家选书、送书不会有影响;这个地方位置敞亮,一眼就能够看到图书;这个地方还要有家的氛围,可以把大家的照片挂上去;这个地方适合图书摆放,不会乱成一堆。那么,书包柜上、窗户台边、墙壁后方,都可以成为书香班级放书、读书的地方。

2. 布置一下好环境。地方找准后,要发动大家一起来布置。剪纸、贴画、泥塑手工,都可以用上来。最好弄一个读书晋级榜,做一个心得体会墙,或者增加一个仿写比赛栏,效果会更好。

3. 选准一批好书。图书不必多,但是要精,孩子们喜欢。怎么选取呢?一是大家互相荐书;二是老师关注新书出版,新书大家会更感兴趣。老师千万不要指定图书,那样会费力不讨好。有老师问,孩子们会找书吗?放心吧,书会教他们选书。

4. 安排一位好头领。要选一个爱读书的、服务型人才做书屋负责人,他如果能够把管理、值日、领读、分享等工作轮流委派给同伴,那就更好了。大家因为参与了会更加喜欢读书。

5. 聚齐一群好伙伴。不要期待全班学生一哄而上，那样是骗人的。一般班级有那么八九个人愿意参与，就可以做起来了。然后请他们分享，请他们表演，请他们说书、演书、用书。孩子们的示范作用，远胜于老师的安排。

6. 寻找一个好名字。这个名字也要坚持学生原创，然后全班票选。为什么要这样？宣传书屋、凝聚人心，倡导行动啊！所以，当"醉美书屋"出来之后，我们对命名者授牌表扬的那一刻，同学们都尖叫起来。

7. 开展系列好活动。孩子们还小，他们更需要被看见。我们设计一系列让孩子读书被看见的活动，比如说每日课前"我推荐书上一句话""一句话书评"，一周一次的"名著续写接龙"，一月一次的"亲子家庭共读"，加上各种读书打卡打榜活动，书香班级基本就形成了。

妙招：把书放在离学生最近的地方

班级图书角建好之后，有同学投诉：×××把图书偷回家去了。

"别人捐书，他偷书，真可鄙！""把他揪出来，看他脸往哪搁！"旁边的同学也义愤填膺。

"我理解大家的心情，但还是请你们别激动。"我制止了他们，"先不说真偷还是忘记办理借书手续了。即使是真偷，那也是因为那本书好，他想读，对不？图书好，让人偷回去读，不也是那本书的幸运吗？书的价值就在于让人喜欢读啊！"

一些孩子不出声了，另外一个孩子说："可是，其他人也想读啊！"

"没关系啊，我们可以再买几本！只要大家喜欢读，谁都可以带回去。"我做了总结，同时也叮嘱他们，老师没有调查清楚之前，班上不许议论。让子弹飞一会儿，也许真相就出来了。

周一早上，那个"偷书"的孩子来了。我把他找过来，准备询问他。他自己主动开口了："我真不是想偷那本书，是管理员不在，我太想看了……"孩子眼泪都出来了。

我抱住他："你只是想先睹为快，我理解你的心情。"

那孩子非常惊喜："老师，您真的是这么想的？"我点点头。他接着继续说:"老师,我们可以把图书放在座位边上吗?"我问他为什么?他说,古人有"三上之功",马上、枕上、厕上都读书……

"行啊,你是读书之人!"我兴奋地表扬他,并把图书管理员请过来,对他说:"从今天开始,想办法把图书放到离同学们最近的地方去。寝室里、走廊边、座位旁……只要大家想看书,就能够随手拿到。"

管理员很能干,马上落实,并且在教室、寝室等不同位置,贴了一张张小标签:"星座班图书流动站,谢谢呵护!"

绝招:用思想的深刻征服学生

和孩子们聊天,我不时地蹦出几句:"一切人际关系的矛盾,都起因于对别人的课题妄加干涉,或者自己的课题被别人妄加干涉。""成功=天赋+机遇+勤奋,但是天赋靠天,机遇靠遇,都不可靠。只有勤奋才是我们自己能掌控的。"

"哇,老师,您好深刻啊。""慢点,我要把您的话记录下来。"孩子们尖叫。

其实,这不是我深刻,是阿德勒和季羡林深刻,我只是把他们的话搬过来而已。我告诉孩子们这几句话的出处,并问他们:"是不是有一种被'洗脑'的感觉?"

他们说是。我告诉他们:"这些话都是书上得来的。你被'洗脑',因为你读书少;你总是被'洗脑',你就没有存在感。为了你的存在感,一起来读书吧!"

没读书的人,看到夕阳,只会说好美啊!读书多的人,会说"大漠孤烟直,长河落日圆"。没有读书的人,看到飞鸟回家,只会说,一只鸟。读书多的人,会说"落霞与孤鹜齐飞,秋水共长天一色"。优雅不优雅?优雅!"你只能啊呀哇,是因为读书少;你总是啊呀哇,说明你不会表达。为了你会说话,一起来读书吧!"

孩子进入青春期之后,思想越来越独立,已经不会被几句空话鼓动了。当他们觉得你思想深刻的时候,觉得有用的时候,才会心动。当他们和你分享的时候,你总是保持着惊讶和好奇的状态追问:"你从哪里看来的?""可以告诉我吗?""真是太深刻了,太好了!"他们就会在你面前显摆。

当孩子们爱上知识,想变得思想深刻,书香班级就不在话下了。

5 如何打造有特色的班级文化

> 班级管理的最高境界是文化治班，只有文化治班才能够寓管理于成长之中，才能蓬生麻中不扶自直，对学生起到良好的教育作用。可怎样才能够在众多的文化建设中独树一帜，形成自己的特色呢？
>
> ——湖南　李云

稳招：取一个有意思的班名

1. 彰显带班理念。班名彰显着我们的审美引导、建班理念和大家的价值追求。比如说北京广渠门中学的"宏志班"、李镇西的"未来班"、郑州郑中国际"小超班"等。这些班名都鲜明地打上班主任带班的思想烙印：绝地发展、面向未来、超越自我。

2. 寄托成长寓意。比如说北京广渠门中学的"宏志班"，名字寓意就是"特别能吃苦、特别有礼貌、特别守纪律、特别能忍耐、特别有志气、特别有作为"等"六个特别"。

3. 凸显班级特色。一个有意思的班名，能够从名称上让学生觉得自己班级和别的班与众不同。比如说我们学校，一个老师叫王权胜，他所任教的班级，学生就取名叫"全胜班"，既和班主任的姓名谐音相关，又体现了孩子们的好胜心——无所不能，全知全胜。

4. 提升成员士气。我曾经给一个差班取名为"得志班"，一是暗含我的名字郑学志；二是表示必胜之意，"志得意满"，我一定能够带好这个班级。班主任强大的必胜精神磁场，可以强烈地感染学生，影响学生。"得志班"让每一个孩子都时刻不忘自己的梦想。

5. 凝聚成员合力。师生共同认同的班名，取名的过程本身就是一个凝聚合力、统一思想的过程。一个有力量和凝聚力的班级名字，总能不经意地激发学生的归属感和集体荣誉感，促进班级成员之间团结合作。

妙招：综合统筹各要素发展

班级文化建设是一项整体性建设工程，需要综合统筹各要素之间的功能。为此，我们需要做好以下工作。

1. 做好班级舆论。"班级舆论"是班级精神文化的保障系统，它能够影响和左右班级精神的发展方向。班级舆论涉及正向思维、价值引导、舆论导向、主流班风、班刊班报、班级论坛、文化展板等七项内容。前四项是工具，起关键引导作用；后三项是阵地，提供场地保障。班上同学每个人都有正向思维、班主任明确表态、学生意见领袖正面发声、班级有健康的主流班风、榜样人物受到尊重，班风就不会被带偏。

2. 注重文明创建。文明是班级文化发展水平的等级认定，发展越好，文明程度越高。我们要通过对学生的"品质训练"让其形成稳定人格，通过"班级美语"的发现和推广倡导班级形成文明风气；通过"主题教育"及时解决思想问题；通过"风气建设"及时矫正航向；通过"文明礼仪"不断强化优秀行为；通过"明责任、强担当"等系列专项活动调整学生认知。

3. 健全评价系统。"评价"本身就能够提供标准、提供依据、提供参考。用好评价这个工具，既能激励学生，又能推动班级工作发展。在班级精神文化建设上，可以从"综合素质评价"、"个人之星"评选、"班级晋级打榜"、"感动班级的人物和事件"评选、评选"最美""最强""最好""最优"等班级各种之"最"，还包括建立班级荣誉体系，创建学生自我评价和互相评价平台，都是巧用"评价激励"推动班级精神文化建设的好办法。

4. 做好物化成果。"物化成果"既是班级文化建设的重要载体，又是文化建设的成果体现。班级文化建设中，精神文化建设是虚的，需要物质文化去把它固定下来。所以，我们设计了班旗、班徽，设计制作了班服，推选和确定了班花，寻找和设计了自己的班级吉祥物，制作属于我们独一无二的班牌、班章，建立了班级精神档案……物质文化建设是实在的，看得见、摸得着，一旦和精神文化结合起来，平常的一朵花都被赋予了崇高使命和责任；它们虚实结合，推动了班级精神文化建设。

绝招：打造品牌化的特色活动

好多人都向我索要过班级漫画文化墙的图片，它已经成为我们班经典的一个品牌。

品牌诞生的背景是这样的：高三第一次模拟考试结果出来之后，我们班成绩并不理想，孩子们情绪十分低落。班长发信息给我，问我怎么办。

怎么办？我回复了一段话：我不祝福你们一帆风顺。为什么要这样说？因为考试有起有伏，这很正常，哪会永远一帆风顺呢？真实的学习生活是学如逆水行舟，不进则退，只要存在竞争性考试，这句话永远是有道理的。

但是青春期的孩子，道理懂了，能不能接受又是一回事情。接受，并且鼓舞自己努力奋斗，又是另外一回事情。于是，我连夜找了一家广告公司，花了几百块钱，找了几个人，在网上"淘"了一些励志的语言，选择了一种漫画人物，制作了一系列透明的不干胶纸图片，张贴在教室墙壁上。

第二天早上，孩子们一进教室，马上就被墙壁上这些黑白对比鲜明的图片吸引了。

第一张：不逼自己一把，怎么知道你有多优秀；路就在你脚下，只要走就能够到达远方。

第二张：我要好好学习，不然别人会说，你看那个人，除了帅就一无是处。

第三张：生活是一个看不见的储蓄罐，你投入的每一分努力都不会白费。

第四张：想一千次，不如去做一次；华丽的跌倒，胜过无所谓的徘徊。

第五张：我可以输，但是我绝不放弃。

第六张：可怕的不是你的机遇与天赋不够，而是比你牛的人比你还努力。这是现实。

自黑而又朴素的话语，正是高三学生的写照。

类似的话语还有很多，如"狠狠地拼一个精彩的未来""希望是火，失望是烟，人生就是一边生火一边冒烟""不读书，行万里路也不过是邮差"……

最后一句话，深深地打动了他们："别沮丧，生活就像心电图，一帆风顺就证明你挂了。"有起有伏，这很正常；考好考砸，也很正常，这说明我们还活着。真的一条直线，那就麻烦了。

尼采说："如果您低估一个水手的能力，那就祝他一帆风顺吧。"

我要怎么祝福你们呢？我要祝福你们能够从失败中奋起，祝福你们能够在痛哭中看见光明，祝福你们是能够创造奇迹的人，祝福你们能够王者归来！我相信你们能行，所以，我不祝福你们一帆风顺。

青春期的孩子失败时，他们需要信任，需要我们相信他们能行。这一次班级文化墙的设计，加上我那激情澎湃的几分钟演说，让我们班同学感动得眼泪都下来了。他们纷纷说：老师，您这么信任我们，我们一定能够王者归来。

这个活动被学校反复表扬，是因为其形式显眼、符合孩子审美、励志、拥有积极的思维。

6 如何召开高效的主题班会

> 看到别的老师的主题班会开得红红火火,班级工作开展得有声有色,我很羡慕。可是,我是一个内向的老师,也没有什么业余爱好和特长,根本无法指导学生。可是,我也想让自己的主题班会开得好一些,该怎么办呢?
>
> ——福建永泰 罗凤帆

稳招:让内容凭实力吸引学生参与

班会用什么样的内容,才能让学生乐于参与呢?下面十大热点,值得借鉴。

1. 学生身边发生的事情。
2. 近期热门的新闻事件。
3. 和正能量明星有关的故事。
4. 和学生切身利益相关的主题。
5. 直面内心困惑的话题,如爱情、学业。
6. 情感体验类的主题。
7. 有情景冲突的主题,如网上热点、小视频。
8. 以小见大或者大中见小的话题。
9. 同学之间有争议性的话题。
10. 和成功等主题相关的话题。

如何开好主题班会?我的建议是:内容为王,做法为将,学生自己也可上战场。

妙招：让学生成为班会主角

我提倡和坚持让学生成为班会的主角。不要担心孩子们做不好，只要你让他们做，他们做得往往比你预想的还要好。

从2003年开始，我让学生自己设计、编导、主持班会。我发现，平时我要一个星期才思考好的会议提纲，他们只要两天就做好了，真是集体的力量大！而且，不仅如此，他们连会议程序都事先安排好了。我很奇怪，谁告诉他们的呢？班长刘艳自豪地说："曹红的爸爸是县委办主任，那里不是有很多现成的会议程序吗，我们只是参考了一下，依葫芦画瓢还不容易！"有道理！

有一次，我让他们主持一次家长会，检验一下他们的水平。没有想到，他们考虑问题比我还全面。比如说会议程序的第一环节"家长报到"，他们让值日班长王小诚做家长接待组组长，组员有七个，杨蓝蓝和李雪飞负责家长签到，马立民和王开怀负责为家长引座，王小诚与另外两个同学负责茶水工作。每个细节都注意到了，家长也高兴。这些小家伙，挺鬼的呢！还有家长陪同工作、家长参观工作等，安排得井井有条，每一个人在家长开会时都有事情可做。家长到会的时间不一样，他们准备了"优秀作业展览""学生生活学习摄影展览"等供家长参观。不错啊，孩子们比我考虑得还周到。

会议开始时，班长刘艳向家长汇报，介绍学校的要求、本班的情况，着重讲在家长的密切配合下涌现的好人好事。接着讲同学中存在的不良倾向，最后提出今后的打算、措施以及对家长的希望与要求。小家伙讲得头头是道，家长们都很欣赏。然后，安排两个学生代表讲话，请了四位家长代表介绍家教经验，分发了调查表，征求家长对学校工作的意见和建议。最后一个环节是欣赏孩子们自编自演、反映学生生活和学习的文艺节目。我暗中查看了一下，基本上每个学生都参与了会议，人人都有事情可做。会议还没有散，就有家长对我说，这样的家长会挺好，他们愿意参加！

会后，他们从四个方面给我提供反馈信息：（1）就家长会统一部署和要求的事项，从学生的反应和行动中观察、比较、分析会议效果；（2）召开学生干部或学生代表座谈会,让他们谈家长会后家长对子女学习的态度和学校的看法有什么变化;(3)分发调查问卷,和家长们一道回顾家长会议,整理家长意见;(4)对文化层次较高并极力支持学校工作的家长进行书面征询,对家长反馈的信息及时分析和认真处理,该改正的改正,该补充的补充,该取消的取消,该解释的解释。

这样的家长会,效率比我一个人主持高多了!

绝招:每一个人都要在活动中闪光

在众人欢笑的舞会上
谁的背影那么孤寂
在灯火阑珊里
谁在默默地哭泣
……
只因为我是差生
一切才那么的无能为力

某年的元旦晚会后,我在学生敏的周记里看到这首诗时,心里很不好受。谁把他放弃了呢?谁又让他默默地哭泣了呢?我很委屈。可是,冷静下来之后,我仔细回忆班级活动的每一个细节。我突然发现:对啊,每次班上搞活动,蹦跳的总是那几个人,更多的孩子只是在跟风;是一部分人的活跃,撑起了班级的表面繁荣。

活动是展示孩子们个人才华的最好时机,很多孩子在活动中受到器重,结果其他方面就赶了上来。可以说,是活动让孩子们找到了自信。比如说我自己,一开始并不是班上的尖子生,我喜欢写作,尽管粉笔字不好,老师还是让我负责了黑板报的编辑工作。结果,我觉得自己很重要,这种感觉促使我更加努力地学习,甚至偷偷地躲在被窝里读书。仅半年功夫,成绩就跃居全校同年级四个班的前十名。

孩子们是需要活动的,他们需要活动来展示自己的闪光点。可是,我做到了吗？

我把敏找来，诚恳地向他表达了歉意。也许是我的态度感动了他，他向我敞开心扉。他告诉我，自己成绩比较差，从小学到高中，没有被老师叫起来回答过问题，没有谁注意过他。到我们班之后，他发现那么多同学都在班上找到了自己闪光的位置，可是他没有，所以他很伤心，也很难过。他希望自己有一天，能够在班上有表现的机会。

我问他："你有什么特长吗？"他摇头。我又问他："你对什么感兴趣呢？"他又摇头："我不知道。"这也是很实在的话。平时上课、下课、休息时间，我都没有看见他参与过什么活动，也没看见他有激动的时候。他的生活，就那样波澜不惊，就那么稳定不变。

最后，我问到了他的那首诗歌："写得真好，哪里来的？"

"自己写的，写得不好，只觉得自己很失望、很无助。"

"可是那首诗很感人啊！我还以为是你从哪里抄来的！"我叫了起来，"能够写这么好的诗歌，这就是你的特长啊！近期我们举行一个青春诗会，让我们班的学生都来朗诵自己的诗歌，你负责组织和牵头吧。"

敏很吃惊，马上否决了我的建议："我做不好，我不行。"

我告诉他不要怕，成绩差不代表所有的都差，他的诗写得好这不就是很有力的证明吗？他组织这个青春诗会，绝对不会错。敏半信半疑地领了任务。

两个星期之后，由敏负责牵头的我班首次青春诗会顺利举行了。在那个诗会上，我发现同学们一改往日的态度，对敏崇拜有加。从此，一个封闭的孩子走出了狭隘的自怨自艾的圈子，一直到毕业，他都是班上的活跃分子。

班级文化建设能凝聚人心，只有每一个孩子都在班级活动中闪光，我们的班级文化建设才能真正繁荣起来。

第七章

家校协同四问

1 家长不支持学校工作怎么办

> 两名学生玩耍时发生了矛盾,造成一点点意外伤害。我们把受伤的孩子送到医院治疗,然后找来双方家长商量赔偿的事情。谁知道肇事孩子的家长不买账,打了很多电话也不来。请问,学生家长不支持学校工作怎么办?
>
> ——湖南郴州 梅见芳

稳招:以退为进说服家长

一名学生引发了一场群体斗殴,学校决定对其进行严重警告处分。处分还没有下达,家长就跑到学校里来闹了。无论校长、德育部门的领导如何做工作,他就死认一根筋——学生一旦受了处分,就是终身污点。"我送了一个干干净净的儿子进来,你们居然要给他一个终身擦不去的污点,你们自己说,良心上过得去吗?"

人家思想没有转过弯,怎么办?退呗。他来势汹汹,咱示弱行不行?于是,他在办公室嚷嚷,我就在旁边安静地听,一边听还一边肯定他讲得好。我对他说:"要是所有家长都像您这样明理,我们的教育就好做了。怕就怕家长对孩子的处分漠不关心,家长关心,我们就好办。"

嘿,他听我这么一说,以为我会给孩子解除处分,态度立马就缓和了。他一缓和,我就马上用上游击战术第二招——敌退我进。

我对他说,看在家长这么关心孩子的份上,这处分还真得下给他。否则,我对不起孩子,也对不起家长。三点理由:(1)这次打架,双方矛盾都还没有平息,对方正鼓着眼睛看学校如何处理呢!处理了肇事的孩子,等于解决了一个矛盾。这不是把孩子从冤冤相报中解脱出来吗？（2）动不动就动手打人，这是一种野蛮危险的行为，很容易犯法。我们在他打架的时候不处分他，任由他这样下去，岂不是害了他？（3）处分的本质不是要惩罚一个人，也不是对谁有意见，而是对他将来负责。

讲完这三点，家长不说话了。我赶紧给他戴了一顶高帽子："您担心的是影响孩子的将来，这不和我们的目的高度一致吗？很多家长还看不到这一点呢！我们应该握手才对啊！来来来，握手，握手！"

家长不好意思地伸出手来。我拉着他的手，拍着他的肩膀："放心吧，只要他一个学期不再打架，我们还可以撤销处分嘛，整个处分不计入档案！"最后，家长乖乖地签下了"同意处分"。

妙招：必要时来个釜底抽薪

一个随父母进城务工的孩子，毕业时因为一些小怨恨，带人把城区一个孩子打成了骨折，需要赔偿。可肇事孩子的家长不管怎么说，就一句话："我没有钱，您说什么都可以，我就是没有钱！"

怎么办？有些老师建议：扣他孩子的毕业证，难道他读了十多年书，毕业证都不要了？您还别说，人家家长主动提了："要不毕业证您扣着，我们不要了。"

他毕业证可以不要，被打的学生还在医院躺着呢，怎么办？釜底抽薪吧，他无非是依仗着没钱嘛，咱不要他的钱了，咱要他负法律责任！

于是，我到派出所走了一趟，要求就只有一个："请把所里脸最黑、人最魁梧、看起来最凶的干警派到我们学校处理问题。"

所长乐了："还有什么要求？"

我说，只要他戴着手铐就行。所长同意了。

然后我和干警把家长与孩子请到派出所，明白地告诉他们：被打的孩子骨折，已经构成轻伤，按照法律规定，可以判处三年以下的有期徒刑、拘役或者管制。现在对方家长不要钱，要走法律途径。今天来，是从程序上完成取证任务，请他们配合。而且，我还告诉家长，如果对方家长真起诉，到时候即使他没有钱，法院也可以强制执行，冻结个人银行账户、从他工资中扣除……办法会有很多，到时候只怕由不得他了。

我说完之后，干警装模作样地拿出记录本要家长按手印。这时候家长害怕了，主动问我："假如配合态度好，是不是可以说说情，不起诉？"我说我不能做主，以前在学校里，我还能够说服教育，现在是在派出所，我没有办法了……

我越推，家长心里越没底，最后乖乖地解决了赔偿的事情。

绝招：道理正则言正

任课老师敲了学生一"板栗"（敲脑袋），孩子自己没说，被小区的同学告知了家长。家长纠集五六十人到学校闹事，说老师体罚学生，要老师赔礼道歉。任课老师动手的时候没想到后果，这时候怕挨打，跑了，怎么办？

我只好出面接待家长。为了避免冲突，我告诉家长：我只和他对话，其他无关人员请退出办公室。因为我知道，起哄的人越多，家长越没有主见，只有家长一个人在，容易说服他。

我跟家长分析：打人呢，有两种打法。一种是伤害性、报复性的打，如打架斗殴等，这种打对人有伤害；另一种是爱护性、教育性的打，如孩子犯错了，长辈轻轻敲一下脑袋。这种打，不会对身体有伤害。请问家长，您孩子挨打，是属于哪一种呢？

家长不说话了，他知道我说的话有理。然后，我继续和他讲体罚的概念。不要把教育上的小惩罚当成体罚，更不要拿着体罚的棒子对抗教育。体罚是有认定标准的。

退一步说，就算是体罚，有些国家还很主张的呢，如新加坡、韩国、日本都对老师体罚孩子有具体规定，犯错到哪一步打多少下，都有规定！人家为什么那么做？还不是为了孩子好。

我承认：老师动手确实不对，但是他的出发点是好的。老师对孩子的未来还有信心，觉得有必要提醒一下他，说明老师很关心你的孩子，是好事情，应该要感谢老师才对啊。孩子自己都没有想法，我们做家长的为什么要强出头呢？不要一听人家说什么，就觉得自己孩子受了委屈，很多时候都是误会。

家长不说话了。最后，我提醒他：如果孩子知道自己受了一点小责罚，家长就会来学校闹事，以后他就会更嚣张，老师管不住，家长也很难管得住。想想吧，这个后果是您想要的吗？

我们不要和家长争论。统一不了思想，我们统一行动；统一不了行动，我们统一目标——对孩子好，问题就好办了。

2 如何教育进城务工人员子女

> 我班大部分是进城务工人员子女。家长在外工作时间都比较长,劳动强度也很大,每天回家后很少有精力去过问孩子的学习情况。久而久之,一些孩子和家长之间产生了距离,孩子性格变得内向、孤僻,总觉得自己和城市的孩子有距离,与同伴交流也很少。家长们发现这些问题后很着急,但不知如何应对。作为班主任,我们该怎么处理这类问题呢?
>
> ——上海浦东　姜简清

稳招:塑造孩子城市之心

1. 寻找角色认同。随迁子女流动性大,对新的环境感到陌生,确实缺乏安全感,有着较强的自卑心理,总以为这是别人的城市。我和他们分小团队聊天,聊自己刚进城的感受,让他们明白,每个人都可能有过同样的经历,这很正常。然后,我邀请孩子分享家长对这个城市的贡献:没有建筑工人,这个城市建设没有这么快。没有环卫工,城市没有这么美。人无高低贵贱之分,都是靠劳动养活自己,和城里人没有什么区别。更何况,我们也纳税了,这个城市的美丽和我们每个人都有关。一次不行,聊两次、三次,孩子们就觉得自己和城里人没有什么区别了。

2. 认识普遍规律。我经常和孩子们聊城里人"回不去的故乡",聊城里人的"乡土情怀"。我告诉他们,乡土性是中国人的根本属性,建功立业的时候渴望去城市,心灵栖息时渴望有故乡。我们现在随父母进城读书,正是遇到了好的时代机遇,纠结什么呢?好好读书就行。

3. 发现自己的美德。现在好些城市的孩子在西方文化冲击下失去了自我，但是农村的孩子那些传统美德，如善良、勤劳、上进、朴实、刻苦、包容，保留得很好。这些美德是这个社会发展所需要的，我们要好好呵护，这是真正的城市之心。

4. 保有美好初心。有些孩子进城之后，感受的是吃喝玩乐的机会多了，花钱大手大脚了。为此，我开了一次主题班会：我们来城市是为了什么？获得更好的教育资源，寻求更好的发展机会，让自己在这个城市里生根发芽、茁壮成长。穿着打扮和玩乐上像城里人，那只是表面上的融入，学习、奉献像城市人，那才是我们赢得尊重的最好方式。保有初心，是我们最好的动力。

5. 积极奉献社会。我把网上收集起来的优秀农民工的故事分享给他们，把每个城市的优秀外来户的事迹讲给他们听。组织他们积极参与公益活动。当他们迎接着城里人对他们的感恩和敬佩时，他们从心底觉得自己站起来了。

6. 做好家庭支持。我不说家长工作，而是家庭支持，是因为每个家长认同这个城市，觉得自己是这个城市的一员，孩子流浪的心才能安宁。

妙招：城里的月光把梦照亮

这些年我在郑州工作，最幸运的事情是遇到了一位非常优秀的家长——崔留彬先生。他是一名建筑工程师，兴趣是研究家庭教育。他和孩子做了一件功德无量的事情——组织同学和家长开展"互学营"活动。

"互学营"的初衷非常简单，就是看到那么多家长鸡娃，那么多虎妈，他觉得这不应该是教育正常的样子。好的教育应该让孩子走出辅导班、走出高楼大厦，走到街头、社区、公园、田间、企业去学习，拥抱大自然，在实践中成长。

于是，他和孩子崔益博带着白板，在黄河湿地公园、在须水河畔、在莲花街头……和同学们互相研讨学习。这个孩子分享，那个孩子补充，这个孩子提问，那个孩子回答。交流内容也不仅仅限于书本知识，还有每个人的兴趣和特长。他们在街头送春联，举办个人演唱会，进行防近视宣传，让很多人看到孩子不同的一面。

我很支持这项活动，也参加了他们几次活动。他说："郑校，周末孩子们想借用阶梯形图书馆做'互学营'活动，可以吗？"我说行，马上通知门卫和图书馆老师作好准备。

我们创新实验学校是郑州市高新区的一所新建校，外来务工子女很多。尤其是附近一个翰林苑小区，他们非本地户口的学生全都在我们学校。家长组织的这些民间活动，恰好给这些随迁子女学生提供了一个学习机会。借助城里的月光，把孩子们的梦想照亮。

参与"互学营"活动的孩子，父母有做企业的，有在机关事业单位上班的，也有打工的。大家撇开家庭的不同，城里学生、随迁孩子，大家一起交流、分享，寻求思想的共鸣。

家长们也没闲着。孩子们在这边交流、研讨，家长们也在旁边互相学习和研讨，崔爸还给他们义务讲课。这里没有谁是城里人，谁是外来户的区别。他们只有一个共同的名字——家长。每当我看到他们在一起其乐融融，我非常欣慰。这就是美好的教育，当孩子感受到生活的美好，一定会对未来充满期待，会更加刻苦地努力学习。

绝招：给进城务工家长教育孩子的六条建议

1. 尽可能多地陪伴孩子。对孩子成长而言，钱不是最重要的，重要的是父母带给他们的安全感。

2. 做孩子抬起头的榜样。不要老在孩子面前老说自己的不足，我们不比城里人差。除了进城有先后之外，大家没有什么区别。我们抬头做人，孩子就不会自卑。

3. 人品是最好的通行证。不管走到哪儿，不管地位多低，能够让我们安身立命的，永远是我们的人品。与人为善、诚实守信、勤劳坚韧，一直都是这个世界的最好通行证。

4. 培养终身学习的习惯。这个世界变化越来越快，成功人士最大的优点，就是用学习来应对未来的不确定性。我们要终身学习，孩子才会更优秀。

5. 平时多联系孩子老师。不需要请客送礼，和老师保持一致，主动回应老师，您就能够得到老师的最大支持。

6. 保持自己的情绪稳定。做好自身情绪管理，每天回家的时候，给家人一个笑脸。夫妻关系和睦、父母情绪稳定是对孩子最好的教育。

3 如何给留守儿童创造更好的教育条件

> 现在有好些农村家庭把孩子托付给爷爷奶奶或者外公外婆带。年轻父母们不是在外经商,就是在外打工,他们很少有精力照顾孩子的学习和生活。在农村随处可见六七岁的孩子在六七十岁的爷爷奶奶陪伴下做作业、玩耍。这些孩子,就是我们平常所说的留守儿童。我们应该如何教育留守儿童呢?
>
> ——湖南邵阳 刘道理

稳招:建立留守家长联系制度

我常常对留守儿童的家长说:大家都怀揣着改变现实和命运,为孩子创造一个好条件的梦想出去打工、经商,但如果我们忽略了孩子的教育和成长,代价有些大。钱固然重要,但是钱换不来生命、换不来亲情、换不来幸福、换不来梦想。

人生最宝贵的东西不是金钱、地位和财富,而是成长、快乐和幸福!世界上最好的教育来自家庭和父母,父母和孩子之间的感情交流非常重要。

为了让孩子成才,我特向家长们提出以下六条建议。

1. 请在可能的情况下,夫妻二人中尽量留下一人在家教育、培养孩子。

2. 每月务必给孩子打一次电话或者写一封信,向孩子直接了解其学习、生活情况,鼓励孩子积极向上。

3. 要经常与现在孩子的看护人联系,及时了解孩子的情况。请他们务必多关心孩子,严格要求孩子,不要让孩子到网吧等娱乐场所去。

4. 要经常和学校的老师联系,及时了解孩子在学校的学习情况以及其他方面的表现。

5. 关注孩子的安全，尤其是性安全，千万别让孩子身心都受伤。

6. 寒暑假要尽量与孩子相聚。

这几条建议提了好几年了，每年我都要补充一些新的内容。每次接新生班级时，我都会把它找出来，写在"给留守儿童父母的一封信"里，然后一一寄出去。很多家长收到信后给我打来电话，说我的信让他们震撼！

事实证明，建立留守儿童家长联系制度，对留守儿童的影响很大。一个叫王亚丽的母亲，与学校定期联系了一年之后，为了孩子的教育，她辞掉了在深圳的工作，回来陪孩子。两年之后，她的孩子考上了一所重点大学。

妙招：我们志愿者在行动

最初遇到留守儿童问题，是晓辉奶奶住院的时候。他家里没有其他人，家长千里之外打来电话："周末能不能帮忙照看一下孩子？"我说行，让孩子住在我家。

后来留守的孩子越来越多，我家住不下。加上为避开家教家养嫌疑，我们做了下面一些工作，供大家参考。

1. 寻找志愿者。公开在全校教师群征集志愿者，把孩子领回家；一个月一轮回，党员优先。我们的口号是"转角遇到爱，留守不孤单"。孩子和老师同吃同住，胆大的惊喜，胆小的拘束一天两天也就放开了。

2. 集体托管。志愿者虽好，但老师也有自己的负担，尤其是新学校，年轻老师多，人家恋爱都带着个孩子走，不太方便。于是，我们把学校宿管员利用起来，把全校父母不在家、爷爷奶奶管不了的孩子，集中在学校托管。吃住在学校，安排体育、音乐、美术、心理、计算机等非考试学科课程，图书馆开放。留守儿童和家长都很高兴，因为有抱团的感觉。

3. 家庭认领。留守儿童最难过的是过节，每逢佳节倍思亲。为解决这个问题，我们在家长群里发起"关爱行动"，让本地家长认领。一些成绩差的孩子的家长，特别喜欢认领那些成绩好的留守儿童。他们付出的是爱和餐食，得到的是孩子有好的伙伴影响，大家双赢。

4. 同伴互助。心理咨询和辅导有一个基本原则——助人自助。留守儿童要强大，还是得靠自己。我们把留守儿童组织起来，自己成为志愿者。他们之间组团互相帮助，互相陪伴。尤其是以村组为单位的互助，住得近，效果更显著。

5. 假期送人。每年暑假，我们都开展"千里送行"活动。全校把需要去父母那过暑假的孩子统计好，按照"南下、北上、东出、西行"四个路线，送孩子们去和父母团聚。第一次开展这项活动时，家长接到孩子的那一刻，哭得让人感动。后来形成习惯，每到假期，家长早早在当地作好准备，接待大家。孩子和送行的老师也倍觉温暖。

绝招：开一场网络亲子交流会

留守儿童教育的最大障碍，就是孩子很难从父母那里直接感知亲情。为了解决这个问题，我曾尝试过网络亲子主题班会，让孩子和父母在网上相遇。

我把这个想法和班长说了，他也觉得很好。但是，他提出一个技术问题："QQ群只能够文字聊天，不能发送语音和视频。大家私聊，电脑数量又不够。"

"这不简单吗？大家把家里电脑带来，我把学校老师的电脑借来，都摆到教室里，不就可以了吗？"

说干就干，我们凑齐了31台电脑。我以前电脑班有个学生，他借给我两台大功率的交换机，并负责网络技术问题。

万事俱备，我对孩子们说："一定要把班会开成联络家长感情的大会、同学们和父母见面的大会、大家鼓劲的大会。"孩子们很惊喜，也很努力。人多力量大，不到一个星期，节目全部搞定。有小品《妈妈我想说》，有小故事《你们不在家的日子》，有舞蹈《心会跟爱一起走》……

班会如期举行。为了便于家长们在线参与，我们把时间选在星期六晚上。很多家长以前从没用过QQ，孩子们帮他们申请了QQ号码，他们第一次使用了QQ这种网上聊天工具。也有很多家长还不知道视频如何使用，我要他们到当地的网吧去，请网吧老板帮助他们。

那天晚上，31台电脑沿一个口字形摆在教室里。每台电脑上都有一个摄像头，至少有两个孩子同时使用。有些孩子不但把自己班会的盛况向爸爸妈妈开放，还把其他班同学叫来了，让他们在外打工的父母，也能够看到我们的主题班会。

那天的节目很感人，诗歌朗诵《妈妈，我想和你一起回家过年》让大家热泪盈眶。很多家长给我打电话，电话里他们泣不成声。

我知道，当一个人被感动的时候，往往是最容易接受别人建议的时候。于是我趁热打铁，对家长提出"五个一"要求："每周给孩子或老师打一个电话，每月给孩子写一封信，每月和老师联系一次，每年给孩子买一本书，每年回家一次。"家长全都答应了！

（注：本文写于2001年，现在条件好多了，网络会议已经常开，但是思路依然可借鉴。）

4 如何降低父母离异对孩子的影响

> 随着现代人婚姻观念的改变,离异现象越来越多。越来越多的孩子,需要面对父母离婚带来的新问题。如何降低父母离异对孩子的影响呢?
>
> ——广州深圳　王彩霞

稳招:别让爱成为孩子心头的负担

看过这样一个典型案例:

谢春宣老师在小学部借班上课,我们去观摩。课上得很成功,下课临走时,谢老师送孩子们每人一个纸头饰。送到最后,发现多了一个。

"老师,把这个送给唐非吧。"

"他没拿到吗?"

"不是的,他爸爸妈妈离婚了,我们应该多关心他!"

"班主任说,凡是好的东西都要先给他……"

孩子们七嘴八舌地说着。一个男孩局促不安地站在那里,旁边孩子指着他说:"老师,他就是唐非!"

谢老师愣了愣,走到那个小男孩面前,俯下身子问:"小非,你和他们一样,不用多给一个头饰的,是吗?"

男孩点着头,脸涨得通红。谢老师和我们一起走出教室。

无疑,谢老师的处理是最恰当的:一个小头饰,多一个有什么用呢?更何况,特意多给,显得他和别人不一样。

确实,离异家庭的孩子不需要区别对待,他们需要的是同等的目光和关怀。过度的关爱反而会加重他们的心理负担，使他们有意识地将自己与其他孩子区分开来。

对待离异家庭的孩子，最好的做法有以下几个。

1. 用集体的温暖丰富孩子的情感体验。比如，可以组织全班同学过集体生日，每人送一句真诚的祝福、一份小小的礼物。同时还让这些孩子明白：记住别人的生日，别人也会记得他的生日。

2. 鼓励他们正视现实。要让他们明白：父母离异不是他们的过错，也不是什么羞耻的事情，那仅仅是父母在感情上出了点儿问题，并不是父母不爱他们了，他们也不是弃儿。有些事情挑明了，孩子的心里会好受一些。

3. 呵护他们的自尊。现在课本上有关家庭生活的文章，大都是描写家庭成员和睦相处、父母对儿女无私的爱的。老师教授这类文章时，尽量照顾这些孩子的感受，避免提问对他们来说较敏感的问题。

4. 鼓励他们大胆交友。交友已经成为青少年生活中必不可少的一项活动。有了朋友，这些孩子的心态就会逐渐阳光。

5. 倾听他们的心声。有个女生父母离婚了，她在日记中写道："同学们有烦恼可以跟妈妈说，我的烦恼只能跟小狗说。我越来越觉得孤独，时常一个人躲在卧室里蒙着被子哭。尽管有爸爸、奶奶，我却感觉身边一个亲人也没有。对我来说，连奶奶也是陌生人。"其实如果我们学会耐心地倾听孩子的心声，孩子也就不会这么寂寞了。

妙招：帮助孩子应对最糟糕的结局

快熄灯了，张亚丽带着几个女孩来敲我的房门："郑老师，小杨不见了！"我让她们别急，先把事情讲清楚。原来小杨父母要离婚，她受不了，跑了出去。

我们在一个叫"苏河"的酒吧里找到小杨。小杨说如果她爸妈真的离婚，她就不活了。几个女孩都在劝她，有的说也许父母只是闹着玩，不会真离的；有的劝小杨看开点，这社会上离异的家庭多着呢；还有的说，要不就威胁他们，说离了婚就不认他们了……

孩子们说完后，我对小杨谈了四点看法。

1. 尊重父母的感情选择。"父母离婚一定有他们的理由，成年人的世界里没有王子和公主的童话，没有谁可以保证一生一世永远相爱。父母离婚前想得最多的肯定是孩子，如果他们能够过下去，相信凭着对你的爱，不会走到这一步。可是，他们最终选择了分手，说明问题已经到了无法解决的地步。对此，我们应该表示尊重和理解。"

2. 学会接受最糟糕的结局。"如果一切已经成了定局，你也不要对自己要求太多，对自己要求太多是不公平的。你这样折磨自己，是对自己生命的不尊重。人的一生中，除了家庭，还有很多美好的东西。现在你已经长大了，应该学着安慰自己、善待自己。"小杨哽咽着说："是不是像孙燕姿歌里唱的那样，成人的世界里总有残缺？"我郑重地点点头。"父母离婚以后，他们也许很快组织自己的新家庭，到时候爸爸一个家、妈妈一个家，你不学会安慰自己、好好照顾自己，怎么行呢？"

3. 换个角度看问题。"我们要学会接受这个现实。现在离婚率这么高，换个角度看，也是时代的进步，说明人们对自己情感的认识更成熟了，他们不再为了孩子而勉强维持婚姻。他们幸福也是好事。"

4. 乐观面对未来。人们普遍的心理，是结果出来之前患得患失，紧张得不得了，甚至不敢展望将来；一旦事情成了定局，他们反而会平静许多。

我告诉小杨："我们得学会勇敢而坦然地接受最糟糕的结局，并学会通过积极的心理暗示来调整自己的心态。你想，现在最坏的结局不过是父母离婚了，可是你们的血缘关系和感情并没有被斩断。爸爸还是你的爸爸，妈妈还是你的妈妈，他们还是一样地爱你。反过来想一想，现在你有两个家了，假期想到哪里去都行，是不是比一般的孩子多了一种选择？"

小杨停止了哭泣，但并没有说话。我知道，接受现实总得有一个过程，我不奢望小杨马上就变得阳光灿烂，我只希望她今晚能够平静入睡。

绝招：感恩你生命中出现的每一个人

登记学生家长信息时，杰只登记了妈妈的名字，而在爸爸的姓名下写了两个冰冷的字："已故"。

第二周，我接到一个陌生男人的越洋电话，说是杰的爸爸。我很惊讶，后来才了解到，杰上初一的时候，他父母离婚了。我明白杰为什么在爸爸的姓名下注明"已故"了。一个在心底把爸爸划入死亡名单的孩子，心头是不是有太多的怨恨？一个人整天生活在怨恨里，他会不会太累了？

我决定去家访。我问杰："愿意像个男子汉一样，跟我谈谈你的爸爸吗？"杰答应了。我问他："实话实说，想不想爸爸？"杰犹豫了一阵，才说："我很怀念以前的那个爸爸，对现在的这个爸爸爱不起来，我更愿意把他想成一个去世的人。这样，我能想到的都是他给予我的满腔的爱。但现在想起他，我心里很乱，因为他抛弃了我们母子……所以，同学或老师问我爸爸时，我说他早已经死了。"

我试着问杰妈："你还恨他吗？"

"都已经过去这么多年了，早没有恨了。"

我说："对过去的事情不怨恨，这是一种好心态。但仅仅是谅解还不够，我们应学会感恩……"

他们母子有点儿惊讶。离婚之后，很多亲友都谴责他爸爸，他们已经习惯恨了。现在怎么反过来要感恩呢？做思想工作，一定要把别人想不到或者说不愿意想却很实在的道理告诉他们。思维转弯了，思想转弯了，事情就好办。

我仔细观察他们母子的反应。杰停止了哽咽，他妈妈也平静下来了。我对他们母子说："其实，恨一个人是一件很吃力的事情，如果经常这样，我们活得多累呀！感恩的最大好处，不是我们谅解了别人，而是拯救了自己——它让我们从自怨自艾、处处不满的怨恨情绪中走出来，以平和的心态迎接新的人生。"

母子俩受到了震动，看得出来，我的话对他们产生了作用。我对杰说："离婚是爸爸妈妈两个人的决定。不管离婚对你造成了多大的伤害，但有一点可以肯定，他们都是爱你的……"

这时，杰妈也说："其实他爸爸很爱他，当初我们离婚的时候，最放不下的就是小杰。如果小杰能够理解爸爸对他的爱，那么对他爸爸、对他自己、对我,都是好事……"

家长能够有这样的认识,我还讲什么呢?我对杰说:"妈妈都能够从痛苦中走出来,你为什么还要一直生活在痛苦中呢?从现在开始,换一种心态生活。"

后来,杰妈告诉我,杰开始接爸爸的电话了。遇到学习上的一些难题,也会向爸爸请教。由于杰爸和杰妈的默契配合,高中三年杰的情绪一直都很稳定。19岁那年,杰考上了北京航空航天大学。

第八章

师生同事关系五问

1 师生之间产生矛盾、冲突怎么办

> 现在的学生越来越难教，不尊重教师的行为越来越多。在我们周围，在媒体报道中，师生发生剧烈冲突的事件并不鲜见。对此我深表担忧，我常常想，当学生和老师发生冲突时，作为班主任，我该怎么办呢？
>
> ——湖南桑植　徐雄

稳招：化解师生冲突的六个步骤

师生之间产生矛盾、冲突是正常现象，积极正视有利于师生关系的重新定位，也有利于学校规章制度的完善和师生的共同成长。发生冲突时，做好以下六个方面。

1. 及早感知风险，避免升级。当我们批评学生，发现学生情绪激动或显露敌意时，应及时停止；当学生不服从管教或跟我们怒目相向时，应适时转移话题，避免学生进一步对抗。

2. 稳定双方情绪，及时止损。动不动就和学生生气，常在气头上处罚学生，一位被学生牵着情绪走的老师，是不称职的老师。停止生气，其实就是及时止损。

3. 学会幽默休战，争取机会。任何一次冲突，只要有一方假装投降，幽默示弱了，另外一方也会缓解下来。毕竟，没有谁一开始就想和谁斗狠。

4. 设置中间地段，处理分歧。如果不便于直接和学生接触，可以找一位威望较高的教师居中调节。双方分开，矛盾就弱化了。

5. 主动承担责任，赢得主动。这既是搭台，也是榜样示范，我们做教师的应该有这种胸怀和境界，这也是对学生最好的教育。

6. 及时反思梳理，形成机制。错误只犯一次，第一次犯错之后，就要从制度和机制上完善，以后就不会麻烦了。

妙招：构建新型师生关系，化解校园冲突

1. 构建平等关系，避免人际冲突。不要以为老师总是正确的，而且我们也做不到总是正确。我们要把自己从过去权威的角色中解放出来，没有必要一切都自己扛着。把教师角色从知识传递者和教学的权威转变为知识学习的资源提供者、学习组织者、成长辅导者和情绪管理员。这些角色的定位，可以避免更多的人际冲突。

2. 构建友善关系，提升彼此修养。我在很多学校做过调查，发现自身修养不够的老师和学生发生矛盾的概率大；相反，那些性格温厚、师德高尚、富有人格魅力的老师，很少遭遇学生的不敬。因此，加强师生自身人格修养是解决师生冲突的关键。我们要从提升做人境界、提高性格涵养上下功夫，用高尚的人格修养影响学生，用敬业的情怀感染学生，用无私的奉献精神鼓舞学生，从而为构建新型师生关系打好基础。

3. 构建合作关系，做好课题分离。我们必须清楚地认识到，导致人际关系紧张的原因，一般是自己喜欢过多地干预别人的课题，或者自己的课题被别人干预。认真教学是我们的课题，确保课堂教学质量是我们的事情，我们做好自己的课题就行。学生是独立的人，学习是他的课题，他要为自己不好好学习负责。尽管我们有帮扶、关爱的责任，但是，那也是我们的课题，我们不能够因为责任而把自己的想法强加给学生。认清合作关系，有益于理性处理冲突。

4. 构建制度关系，做好情绪疏导。从新闻报道中的师生、家校极端事件中，我们发现一个共同规律，那就是事件发生之前，学校缺少一个有效的学生心理疏导机制来化解他们的不良情绪。当师生不良情绪得不到及时疏导、发泄时，偶然事件也就变成必然了。我们应建立一种制度化的冲突化解机制，以有效地处理师生矛盾冲突。比如设置"意见本"征求意见，"树洞"倾诉心声，设置专门的申诉中心、心理咨询室，开设网上论坛、贴吧等，让

大家有机会合理表达自己的心声。"谐"字的解释就是"人人皆言",当大家都有说话的渠道时,和谐校园也就能够实现了。

绝招:结构性四问让问题自我解决

师生发生冲突,不管如何,双方都有错,绝对无错的一方在冲突中几乎不存在。结构性四问是目前我们处理师生冲突最好的武器。

这四个问题由第三方提问,顺序不能改。

一是客观性提问:"请问你们刚才发生了什么?"答案一般是"争吵了""打架了""闹冲突了"。涉事方只客观叙述刚才发生的事实,不掺入评价和指责。

二是反应性提问:"这件事情给您带来了什么样的感受?"提问时不要提供情绪标签,如"委屈""愤怒""难受",那样算诱导行为。应尽量让涉事方自己回答,给予他们倾诉与表达的机会。这是共情阶段。

三是诠释性提问:"从这件事情里您发现了什么规律?"或"您积累了什么宝贵经验?"这是引导答问者正面思考如何处置冲突。我们以前总是批评教育,以认错为终点,最后问题依然解决不了,是因为我们方向错了。教育不能以认错为终点,应该以问题解决为终点。"规律"或"宝贵经验"指向于正面解决问题,有利于事情的顺利解决。

四是决策性提问:"您觉得怎样做最好?"或者"您打算怎么做以避免这种行为(或局面)的发生?"这是引导双方作出最佳决策。

为引导他们作好决策,还可以让双方做这三件事情。

1. 无论对方错得多离谱,我还是能够找出冲突中他做得对(或者有理由)的三个地方。

2. 无论我多么有理,找出自己做得不对(或欠佳)的三个地方。

3. 这件事情如何处理,我能找出的最优解的三个做法。

剩下来该怎么办呢?把自己的三点思考说给对方听。不用我说了,您去试一试,应该会击掌叫好。

2 学生不给老师面子，顶嘴冲撞，怎么办

> 班主任难免在学生面前败走麦城。如果你班上有个别人对你不理不睬，甚至你堵在门口不准他们走出教室，可他们用肩膀一撞就走了出去，你该怎么办呢？
>
> ——安徽五河　周晓敏

稳招：面对学生不敬要想透四个问题

1. 面子重要，还是实力重要？教师的实力不在于当时打败一个孩子，而是在于不管遇到什么情况，我们都能够搞定他们。不战而屈人之兵，会让您更有面子。当学生和我们较真、较劲的时候，实力才能够让我们真正赢得面子。

体力上肯定有老师干不过学生，即使干得过，也没有任何政策、法律支持你。我们得动用资源：记录下违纪违规孩子的极端行为，提交学校处理；违反了治安管理处罚条例或法律，司法机关协同……无需你动手，事情就摆平了，何乐而不为呢？

2. 赢了孩子，还是赢得孩子？孩子跟我们斗气、使绊子，很多时候在向我们求助："我需要关照，我需要理解。"我们要读懂孩子的需求，不要和孩子去较劲。和孩子较劲的最终结果，哪怕是我们赢了孩子，也会树立真正的敌人。

提醒大家思考一句话："爱和尊重无法强迫。"要想学生不和我们作对，要想学生爱我们、尊重我们，我们就要发自内心地对孩子好。如果孩子不明白，我提倡"爱要大声说出来"。爱得明明白白，尊重发自内心，我们会赢得孩子的支持。

3. 出气重要，还是结果重要？做人最重要的不是和人斗气，是始终明白自己要的是什么。对学校领导而言，对家长而言，对我们自己而言，认真履职，把课教好，就是最重要的结果。因此，课堂违纪处理我坚持三个基本原则：

【宜】尽量不超过 1 分钟，先控制事态，课后处理。

【忌】与学生你来我往争辩，或停课用较长时间处理。

【变】超过 1 分钟，应该跳转话题，继续上课，不要和学生纠缠。青春期孩子心理发育不健全，长时间纠缠很容易激化矛盾。

4. 学生主导，还是老师主导？好些老师很容易被学生带偏节奏，忘记了自己是主导者。尤其是有些学生，他们喜欢诱骗老师上当，那样他们会在同伴面前很有面子。

遇到这样的学生，我们一定不能上当。管他千变万化，我自岿然不动。曾国藩说，"言慢者贵，性柔者富，德厚者旺"[①]。短短十二字，道尽人生真谛。智者用脑子说话，愚者总后悔嘴巴比脑子快。面对学生的挑衅，"钝感老师"让他们有力没有地方使。

提醒自己，我是老师，不管遇到什么样的师生矛盾，一定是按照我的节奏来处理，"凭什么我要被学生带偏节奏呢？"

妙招：表达出我们深重的担忧

客观地说，不管学生出于什么目的让我们为难，给我们使绊子，顶撞老师，甚至像提问者所说的那样，"用肩膀一撞就走了出去"。这都是学生不懂事的行为，只要有一点头脑，都不会这么做。

我和孩子们谈心："把自己放在没有退路的地方，那不是置之死地而后生的勇敢，是对风险预料不足的愚蠢。难怪鲁迅在给萧军、萧红的信中评价许褚赤膊上阵时说，'中了箭，活该'。"所以，面对学生有类似不尊敬老师、不尊敬家长、不能够和谐与人相处的现象时，我对他们表达的是"深重

---

① 曾国藩. 曾国藩家书 [M]. 西安：三秦出版社，2018：217.

的担忧"。

我会忧心忡忡地对孩子本人，或者通过他的好友转告："成大事业者必有高人开悟、贵人相助、知己支持、对手鼓舞、小人监督。我很担心他这样冲动处理问题，不计后果，会伤害关心他的人、支持他的人、帮助他的人。高人不愿指点，贵人不想出手，对手寒心，小人高兴，他以后就寸步难行了。"

动人心者，莫乎于情。真诚地表达对学生的担忧和担心，往往能够打动人。当孩子们迷途时，我们不去引导他们，谁去引导他们？根据我几十年的教育经验，我确实有足够的底气和经验告诉大家：不管遇到对学校有误解的家长，还是情绪冲动的学生，抑或是对我们有意见的同事，表达出我们深重的担忧，设身处地为对方着想，一定能够打动对方。

我们可以体贴地对他们说："您这样做，内心一定很郁闷吧？想来您承受了太多的委屈和痛苦。"对方会感动地流泪，还对抗什么啊！

我趁机再说道："我理解您的经历和感受，来，喝杯奶茶吧，补充一点能量。"孩子只会感到庆幸：幸亏碰到有大格局的您。

我常对孩子们说：背负着对别人的成见上路，无论您自己觉得多么"优胜"，别人一定能够看到您痛苦时面目狰狞的一面。我们的幸福和自己的格局成正比。孩子们懂得了这些道理，"不敬"和"冲撞"就会少很多。

绝招：根据底层逻辑需求——应对

学生不给老师面子，或者不尊敬老师，是有其背后的情绪需求的。我们读懂其情绪背后的底层逻辑需求，有针对性地施加教育策略，他们就不会这样做了。

我们根据学生常见的8种情绪，给大家梳理出了30多条应对策略，大家应该能从容应对了。

续表

	情绪	底层逻辑需求	应对策略与措施
1	愤怒	没有感觉到被理解、被尊重,因自我保护而攻击别人:我愤怒了,你应该……	(1)找信任的人倾诉;(2)转移注意力;(3)建议深呼吸,让情绪降温;(4)对TA表示理解和认同;(5)让TA的期待变成现实。
2	焦虑	内心缺少安全感、掌控感和稳定性,渴望改变:我该怎么办?谁能告诉我……	(1)立即行动,把注意力放在具体事物上;(2)清理愿望清单,找出本质需求;(3)注意力内收,减少外界干扰。
3	悲伤	需要同情、支持和帮助,社会链接功能:我需要抱抱、安慰和帮助……	(1)向世界说出你的伤心,让世界抱抱你;(2)告诉TA你会支持、帮助TA,一直都在;(3)接受自己的软弱;(4)哭出来。
4	嫉妒	需要成就感、荣誉感,渴望被关注:那正是我想要的……	(1)认可TA对自己的期待;(2)帮助确定目标,通过自己的努力来实现;(3)激发其正面进取的动力;(4)尝试欣赏他人。
5	恐惧	需要支持、鼓励和认可:我想保护自己……别去,有风险!	(1)加油,你能行的;(2)给自己正面的心理暗示;(3)想想最糟糕的局面,能不能接受;(4)反复练习强大的工具。
6	孤独	没有被关注、被接纳,缺乏安全感:我需要朋友,谁来和我共处共事?	(1)对他人生活或事件感兴趣;(2)消除封闭习惯;(3)帮助他人来感觉被需要;(4)邀请他人共事;(5)学习提升自己。
7	压抑	为了获得安全而拒绝冲突,内心需求:求求你了,别再逼我……	(1)说出来吧,或许我能够帮助你;(2)别怕,你其实很优秀;(3)这里是安全的,你放心吧。
8	抱怨	渴望被倾听、被理解、被关注:这事儿我能行,让我来做;你听我说……	(1)看见并赞美TA的优点和长处;(2)请TA来处理该问题;(3)给其一个展示才华的平台;(4)培养正向解决问题的能力。

3 学生给老师提意见怎么办

> 有些学生老喜欢在班主任面前提任课老师的意见，甚至还给班主任提意见。置之不理吧，好像有点儿不应该；但是认真处理吧，有些问题还真难办。面对这种情况，明智的班主任究竟该怎么办呢？
>
> ——河南濮阳 段少阳

稳招：弯腰是最好的姿态

印度孟买佛学院正门旁有一个小门，只有1.5米高、0.4米宽，成年人想过去必须学会弯腰——这正是孟买佛学院给世人上的第一堂课。

弯腰，是我们对待学生意见的最好姿态。

第一，弯腰是对学生的尊重。一位尊重学生的老师，即使他的能力一般，也会赢得学生的宽容和谅解。

第二，弯腰能促进师生合作。几乎所有的学生都喜欢拿理想教师的标准来要求老师，他们渴望老师把他们当大人。哪怕是一年级的小学生，如果大人能蹲下身子听他们讲话，他们都会觉得很有成就感。弯腰之后，我们要求孩子们做什么，他们特别容易接受。

第三，弯腰能体现出教师的修养。对真正的饱学之士来说，弯腰不是失败，而是让人看到他的道德、他的学问、他的伟大。其中散发出的风度，展现出的宽容和对事物的承受能力，能让教师的形象更加光彩照人。

第四，弯腰是一种成熟的表现。很多成熟的东西，都呈现出"弯腰"的姿态——稻穗成熟了，它就垂下头；果实丰满了，枝丫就低垂。我们比学生成熟，学会弯腰，应该是我们最基本的教育态度。

有些老师认为弯腰是一种怯弱，这是一种错误理念。其实，弯腰不是懦弱，也不是没骨气，而是一种大智慧。它是自控，是淡定，也是气度和姿态，更是坚忍和坚守，还是一种策略、变通和韧性。

真正懂得弯腰的人，才能赢得胜利。

妙招：给提意见的学生颁奖

作为老师，我们烦恼的不是学生提意见，而是学生乱提意见。但是，偏偏有学生认知不全面，或者方向走偏，特意给您提过分的意见，怎么引导呢？那就公开设置"对老师的意见奖"吧。

这个奖项由同学们来设置，颁奖词也由同学们来拟写，我负责把关。于是，我们班出台了下面这些有意思的"对老师的意见奖"。

1. 最切实际意见奖。颁奖词："您密切关注到了课堂上老师的细心和体贴，也看到了老师的辛苦和努力。您提的意见，最贴近同学们的心声，代表了大多数同学们的意见和想法，也让老师看到了自己努力的方向。给您最切实际意见奖。"

2. 最佳行动建议奖。颁奖词："您的意见跳出情绪表达的窠臼，提出了切实可行的改进方向，而且建议具有可操作性，不是指手画脚地以高标准要求别人。可见，您是一个行动派，具有强烈的解决问题的能力，给您最佳行动建议奖。"

3. 最暖心建议奖。颁奖词："您这哪是提意见啊，您这分明是表达对老师的担心和牵挂。您的建议，让老师看到了一颗闪亮的心灵，做您的老师是老师的荣幸，遇到您这么暖心的学生，是我们大家的幸运。给您最暖心建议奖。"

4. 最具细节意见奖。颁奖词："您的建议关注课堂教学的每个细节，也关注到老师教育方式的每个细节。您的建议能够给老师们以切实可行的参考，体现出您的认真和专注。我们要给您颁发一个最具细节意见奖。"

5. 最天马行空奖。颁奖词："我们看到了您活泼的思维和良好的初衷，也看到了您大胆的想象和美好的愿望。您的建议，内容和做法都非常好，如果能够实施，未来就太美好了。遗憾的是，'臣妾做不到啊！'给您最天马行空奖。"

6. 师傅最委屈奖。颁奖词："读了您的意见，有些同情我们老师了。为了安慰我们的老师，决定给您授予师傅最委屈奖。希望您提意见之前，先把事实了解清楚，然后再提意见，不然老师会哭晕在厕所里。"

大家也看出来了，前面四种奖励是正面引导，后面两种奖励是善意提醒。教会孩子们提意见的时候要合情合理，不能只单纯发泄自己的不满，要"船能够过去，舵也能够过去"。

当学生们真正作为课堂参与者会提意见的时候，我们的生态环境就变好了。

绝招：一起来寻找理想的老师

随着时代的发展进步，社会对老师的要求越来越高。再加上一些媒体的宣传，让学生和家长总认为别人的老师好，自己的老师不够好，"寻找理想的老师"成为大家的心声。

行吧，那我们就开展"寻找理想的老师"活动。让大家尽情吐槽自己的老师，也写下对老师的期待和要求，"能够做到的我们尽量做到"，看看大家的脑洞有多大。

很快，意见都提好了还没有提交上来，他们自己内部就吵得不可开交了。我说别吵别吵，先收集上来再说。哪怕是反对意见，也要允许人说。

于是，他们按照内容归类，把赞同方、反对方的意见都收集起来。大家别笑，下面只是一部分，大家看看吧。

项目	赞同方	反对方
管理	老师管得太严了，连上厕所都要管。	老师管得太松了，有同学不守纪律。
声音	老师说话声音太大了，显得粗俗。	声音太小，我们后面听不清楚。
说话	老师要好说话，不然我们会怕。	老师太好说话了，同学们会变坏的。
性别	还是女老师做班主任好，温柔。	男老师做班主任好，会打球。
表扬	表扬太多了，会让我们虚荣的。	表扬太少，总感觉我们做得不够好。

续表

项目	赞同方	反对方
批评	老师要敢批评人,不然学生会学坏的。	谁喜欢被批评呀?
守堂	老师最好不要守堂,感觉被监控。	老师不来,班上太乱了。
理解	老师一点也不理解我们,要求太高。	太善了会被人欺负,我们班总有人骗老师。
查班	老师要多来班上转转,我们踏实。	别总来班上转,还在后门偷看,不信任人。
纪律	我们班纪律还不够好,别人班多好。	总是唠叨纪律纪律,耳朵都起茧了。
长相	要是老师还能够好看一些就好了。	最好像明星一样好看。(这点居然一致)
信任	老师要信任我们,敢于放手。	老师对我们太不信任了,总是盯着我们。
穿着	老师要穿得时髦点,让我们感觉美。	不是模特,穿那么好看干吗,转移注意力。
家校	要多联系家长,让家长了解我们。	有事跟我们说,别给家长说,会害惨我们。
……	……	……

有些话藏着,不如敞开了说。每个群体都有不同的意见和要求,哪里能完全一致啊。看到他们提得差不多了,我再来一句:"虽然老师不是人民币,做不到人见人爱,但是我们还是想做得更好。如果大家觉得还不够,可以回去征求家长的意见,帮助我们完善完善。"

结果同学们说:"算了算了,哪里有那么理想的老师。"

也有学生说:"每个人的想法不一样,如果有老师符合每个人的想法,那就成怪物了。"

"那该怎么办呢?"我故意问。

"金无足赤,人无完人,大家互相悦纳一下,只要老师爱我们就好。"我事先安排的"发言人"看到大家说得都差不多了,赶紧发言。这次居然没有人反对。

4 学生不愿与班主任谈心怎么办

> 这是我们的一组调查数据：居然只有不到 40% 的学生愿意和老师谈心，20% 的学生认为老师找他们谈话很没面子，另外还有大约 10% 的学生非常反感老师和他们谈心……在遇到烦恼时，80% 的学生选择找同学和朋友倾诉而不是找老师。这样的调查结果让人吃惊。当孩子不愿意和老师谈心时，我们该怎么办？
>
> ——湖南邵阳 刘长军

稳招：别把谈心当成教育目的

谈心只是教育手段，不是教育目的。学生拒绝谈心，这很正常，要学会接受。

只是我要提醒一下大家，人是有社会性的，渴望交流。按理说，学生是需要而且愿意和老师谈心的。他们不愿意和我们谈心，我们要反思是不是谈心方式存在问题。

1.过于功利，学生畏惧。很多老师找学生谈话，内容单一，除了学习还是学习，只有在学生出现问题时，班主任才找学生谈心，以致学生认为班主任找自己谈心，就是因为自己犯了错误，或者学习不好。如果"去办公室"成了受批评的代名词，学生对老师怎么会不疏远呢？

2.缺乏技巧，学生反感。我们和学生谈话，总喜欢给学生树立榜样，总喜欢比较；或者只看到学生的不足，看不到学生的进步，批评大于肯定；或者总对学生说"这样的事情你还不明白？"……这样的交流，学生自然不乐意。

3.观念陈旧，无法交流。尤其是在接受新事物、新观念上，很多老师总比学生慢半拍。比如有很多学生喜欢玩溜溜滑板，老师很反感，认为玩物丧志。学生喜欢的东西，老师总嗤之以鼻，怎么能够谈到一起去呢？

4. 自说自话，缺乏平等。班主任找学生谈话，不但不能认真倾听学生的看法，而且连说话的机会也不给学生，只顾自己讲，学生只有听的份儿。你说，学生还愿意同班主任谈话吗？

5. 家校连档，疏远学生。常听学生这样说："我的班主任，整天就只知道催促人努力学习，真让人烦！"另一个说："本以为班主任会理解我，谁知道跟我爸爸妈妈一个鼻孔出气！"当学生感到老师不是跟他们一条战线时，怎么会掏心窝子和老师谈话呢？

当然，我们也要客观地认识到，学生不愿意谈心，也有他们自身的原因。

第一，存在心理障碍，对他人怀有敌意。对这样的孩子，我们要先解除其心理障碍，这样才能够解决问题。

第二，内容有所顾忌。在学生眼中，老师再好也比不上和朋友谈心自由，他们有很多事情是不会和老师谈的，如爱情问题、不良娱乐（玩电游）等，我们要学会尊重他们。

第三，怕有后顾之忧。如担心老师不能保守秘密，让更多的人知道了他的隐私；担心老师会告诉家长，结果给自己招来一场狂风暴雨……

第四，缺乏交流习惯。一些学生从不跟老师交流，也没有与人交流的习惯。对这样的孩子，老师再温和、再热忱，一时都难以打开局面。

第五，性格过分内向。对这样的孩子，我倒认为不一定非得和孩子谈心，给孩子安全感更重要。

第六，逆反心理作怪。青春期的孩子以和老师作对为荣，老师越是要找他沟通，他就越是拒绝，而且感觉在全班同学面前有了炫耀的资本。"看，班主任算老几，找我我都不理。"对这样的孩子，我们可以采取冷处理。

妙招：告诉您一个谈心的好工具

好的聊天和谈心是有技巧的，我们把这些技巧称为工具。谁用这些技巧都能够取得同样好的效果。

我们先来看一个没用工具的场景吧。

场景一：孩子晚自习回来。

"妈，饿死了！"

"饿什么饿？在学校没吃晚餐吗？"（忽略）

"吃了，还是饿……"孩子有些委屈。

"那一定是嫌弃食堂饭菜不好，没有吃饱。说过多少遍了，长身体的时候不要挑食……"（判断＋建议）

孩子闷闷不乐地走了。

孩子为什么闷闷不乐地走了？是因为我们成年人和孩子们聊天，总容易忽略孩子的感受、喜欢给孩子下结论，还喜欢事后诸葛亮般给孩子提建议，显得我们比孩子有见识。您说，如此组合拳下去，孩子怎么会喜欢和大人聊天呢？

我们给出的工具是——无论孩子和您说什么，坚持"正确聊天的四个步骤"，即：

1. 重复关键信息。
2. 确认孩子感受。
3. 和他产生共情。
4. 帮助解决问题。

同样是上一个场景，我们用上工具聊天试一试，您看是什么感觉？

场景二：孩子晚自习回来。

"妈，我饿死了！"

"饿吗？难不难受？"（重复＋确认）

"难受死了，我估计能吃下一头牛。"

"哈哈哈，你这话说得！不过话又说回来，长身体的时候饿很正常，我那时也常常感觉饿！"（共情）

"那怎么办呢？"

"早给你准备了,厨房有你喜欢的面包,客厅有你爱吃的水果,如果还想吃什么,告诉老妈,老妈给你做!"(解决方案)

您说,孩子这时候会不会脱口而出:"妈,您真好!"

绝招:谈一次心,赋一次能

"孩子们找我们聊天,其实是向我们寻求赋能。谈一次心,赋一次能,他们怎么会不主动找您谈心呢?"这是杭州江南实验学校的徐晓莉老师的感悟。

"案例,案例,老师们需要案例!"我笑道。她说:"行,我讲一个小故事吧。"

有一天,她的儿子向她倾诉:"妈妈,为什么我的朋友越来越少了呢?"

这本来是一个令人沮丧的话题,在孩子眼中,朋友是非常重要的。可是,随着年龄的增长,兴趣方向不同,分流就成为常态。道理是这样,但是孩子还是会难过啊!

"这很正常啊!"徐老师说,"这不正说明你越来越优秀了吗?二八定律告诉我们,世界上优秀的人只占比百分之二十。当你越努力,能够跟上你步伐的人就会越少。这不是他们不喜欢你,是他们的成长节奏跟不上你了。"

"人生就好像在爬山,山上的人比较少,不愿意爬山的人大多数在山下。"

"哦!"孩子理解了。

"你现在要做的就是努力读书,好好提升自己。"

从徐老师与孩子的谈话中我们不难发现其中的诀窍。

1. 凡事均要有积极心态。不管遇到什么事情,都能够发现其中好的一面。

2. 对孩子充分肯定。说什么道理,都要肯定孩子当下挺好的。

3. 道理正确。正确的道理才能够让人相信,才有催生能量。

4. 能让孩子产生行动。

5 任课老师在教学上不配合怎么办

> 镜头一：刚下课的老师拿着教材，脸色铁青地走进办公室，尚未坐下便发出一声叹息："气死我了！我最不愿意给他们班上课了！"
>
> 镜头二：周日晚上，班主任王老师接到语文老师的电话："请您为班上的学生们另请高明，我教不好这帮孩子，我要告别这个班级了。"
>
> 当任课老师与学生产生矛盾，在教学上不配合时，班主任应该怎么办呢？
>
> ——湖南邵阳　刘珍珍

稳招：扮演好同事支持者和孩子权益保护者的双重角色

在学生和任课老师之间，有人把班主任定位为"夹心饼"，两头受气的角色。我觉得这个定位还低了一点点。我更倾向于班主任是任课老师的坚强后盾，是学生合法权益的保护者。

为什么这么说呢？

对任课老师的支持，就是对教育教学团队的支持。哪怕任课老师做错了，我们也要旗帜鲜明地支持他们，肯定他们善良的初衷，尽力做好学生的思想工作。毕竟没有哪位任课老师刻意要破坏这个班级，要为难哪个孩子。他们是因为想教好这个班级，学生没有配合好，内心有些焦虑，情绪失控。我们要理解他们的初衷。

而且，不管是当着学生的面，还是背着学生，我们都要旗帜鲜明地支持任课老师的所有决定。不然，班主任和任课老师意见不同，孩子们会选择按照让自己放纵的一面去做，而不是有利于他们成长的一面去做。所以，教师团队意见高度一致,能避免学生钻空子。

如果学生惹任课老师不高兴,如上课违纪、不交作业,我们要:(1)坚决贯彻执行任课老师的决定;(2)完善和补充任课老师的决定,尽量避免情绪化的行为影响学生;(3)在执行的前提下疏通孩子们的思想情绪;(4)加强落实效果的跟踪和信息反馈。

对学生来说,我们要做好保护伞,因为我们是孩子合法权益的保护者。班主任是学生的"班妈""班爸",我们不保护他们的权益,他们受了委屈没有地方说,容易有情绪,学习就会受到影响。一旦孩子和老师对立,教育基本上就没有戏了。

如何做好学生的保护者呢?(1)理性看待任课老师的决定,一旦发现有问题,尽量想办法延迟执行。尤其是任课老师在气头上的决定,"嘴巴上答应,行动上迟缓"。等任课老师气消了,他自己也会认识到问题。(2)了解事实真相,学生错了要批评,对的要肯定,委屈的要抱抱,给孩子一个合理的情绪出口。(3)引导孩子理解老师的善意和初衷。当孩子们理解老师都是为了他们好,只是方式方法欠妥,"看在爱的份上",孩子们也会原谅老师的。(4)寻找师生双方都满意的最佳处理方案。

妙招:两头传播对方的好

"保护比激发更重要。"良好的师生关系,更多的在于保护好彼此那份美好,保护好他们的积极性,保护好他们的善念。当这些被保护的时候,师生哪里会有那么多矛盾呢?大家都相看两不厌。

怎样才能做到呢?很简单,两头传播对方的好。

举例来说吧,当任课老师在办公室里说某一个同学好的时候,我马上记下来。然后找一个机会,悄悄地对那位同学说:"最近张老师总说你这段时间进步很大。""哎呀呀,刘涛你厉害啊,现在都成了徐老师的贴心宝贝了。你上次送她的千纸鹤,她炫耀了一个星期。"

我不仅仅是这样传播老师对学生的好,我还发动其他任课老师互相借对方的嘴巴表扬学生。如英语老师对数学成绩差的学生说:"你最近上数学课是不是特别认真，还做了预习？"孩子问："您怎么知道？""你们数学老师天天在办公室里说你的好话，我耳朵都起茧了。"您说，孩子听了多兴奋。

同样的，孩子们做了什么对老师好的事儿，我也使劲在办公室对同事们说："别看张超那小子看起来很粗心，可对咱们物理老师，那好得真没有话说。""哎呀呀，大张老师，现在孩子们对您可崇拜了！"

您去试一试这个方法，孩子和任课老师都会心花怒放。

绝招：共建齐心协力的团队文化

1. 凝聚一个好愿景。不管接新班还是老班，每个学期我都要和搭班同事聚个餐。做一个学期小总结，表扬表扬我们的任课老师。同时，也把我们班想达成的目标告诉他们，请他们帮我出谋划策，共同凝聚一个美好愿景——建设一个好班级，一起看见教育最美好的样子。

2. 营造一个好氛围。我会主动地购买一些水果、零食，放在办公室里。课间休息的时候，我会这样说："上次我在……吃到这苹果，味道特别好，来，尝尝。""这柚子不酸，我给大家带几个尝尝。"我这样分享，办公室的同事也行动起来，为办公室增添物品。

3. 践行一个好行动。这个好行动就是互相搭台补位。这个老师有事，需要换课，我们私下里悄悄说一声，二话不说就答应下来。为了避免忘记而空堂，我又做起了提醒员："大伟，第三节你要帮佳佳上课哦！"刘老师要上公开课，练习了一次又一次，学生都有些厌烦，黄老师买了棒棒糖，每人一颗："支持大刘就是支持我，上完了我再请客。"不看僧面看佛面，结果课录得特别棒。

4. 铭记一个生日榜。搭班团队建立的第一件事情，就是每人把自己的生日告诉我，我们AA制缴纳生日会费。到了谁过生日，我们团队必定会在一起聚餐。聚餐时，我把同学们做的小贺卡、写的祝福语送给他们，每个老师都很感动。

5. 优化一个好资源。我们要熟悉每位任课老师的优势和劣势，互相调剂搭配。黄老师擅长文艺，学校这方面的比赛他当然是专家，我就让位了。刘老师信息技术方面很厉害，学生社团辅导就靠他了。谁会说话，适合做"嘴替"，帮我们做思想工作的就是他了……把每位任课老师安排得妥妥的，团队不高效才怪。更为重要的是孩子们看到每位老师的优势，他们就会对老师发自内心地敬佩，哪里会对立对抗呢？

第九章

班级综合治理七问

1 班上出现哥们儿小团体怎么办

> 班上常有一些学生结成小团体，有的只讲哥们儿义气，有的拉帮结派，抱团对抗老师，有的结伙打架斗殴……怎么管教他们呢？
>
> ——江西萍乡　张爱兰

稳招：引导和整顿两手抓

物以类聚，人以群分，不管您怎么管理，学生中还会存在小团体，这是一种很自然的现象。但是，作为班级来说，小团队不捣乱没有关系，一旦捣乱就会添乱。怎么办？

一手抓引导，一手抓整顿。

1. 明确矛盾处理权限。明确告诉学生，班级任何私人矛盾，处理的主要负责人就是班主任，其他任何人不得私下里拉帮结派去处理同学之间的矛盾。一旦发现，从重从严处理。为什么要这么做呢？因为涉事小团体的存在，往往因为个人力量不足以应对同龄人的纠纷与欺压引起的。每个人都受到保护，弱者不用担心，强者不敢乱来，孩子们之间就不用去拉帮结派求助别人。

2. 明确班级团体纪律。我们尊重每个小团体的合法存在，但是，每个小团体存在的基础是不影响班级管理和正常运转。如果发现哪一个小团体阳奉阴违，组团对抗班委、课代表、组长、社团负责人等合法职务工作人员，一律取消和严厉打击。这是底线，告知每个人。

3. 成立班级团体联盟。班级允许各小团体存在，但是必须向班委申报。班委设立专门的群团部长负责管理。各小团体可以加入班级团体联盟，在联盟的统一领导和组织下开展各种活动。合法的予以支持，不合法的予以禁止和取缔。

4. 正面开展团体比赛。班级座位、各种功能角如图书角、兴趣社团等全部向团体开放，每个同学可以以小团体的方式承包其中的一项，或者以小团体的方式加入班级小组。班上用小组晋级、加分和表彰的方式，表彰和奖励优秀小团体。班上有共同兴趣的、合法的小团队越多，非法小团队就会被孤立。

5. 评议小团体领导人。每个学期大家民主评议一下各明里、暗里的小团队领导人或负责人，评选最佳领导者和"隐藏头目"。凡被同学们匿名评为"隐藏头目"的人，班主任要约谈并诫勉谈话，责令其限期改正。记住，不要处理一群人，那样他们会抱团。只处理"隐藏头目"，效果会非常好。

6. 常看各种警示材料。注意警示材料的取舍，一定要把小团体被处分的地方讲透，把害处讲透。对其中可能误导孩子们的一些细节要提前备课和处理。这样，增强孩子们的危机意识，让他们形成坦荡做人的思想意识，远离各种非法小团体。

妙招：晒一晒我们班级的小团体

为分化、瓦解和消除班级不良小团体，我们会有针对性地举办"晒一晒我的小团体"。晒的方法有五种：

1. 年度晒成绩。各两人组、三人帮、四人队、五人团拿出本年度自己最值得分享的成就，让大家见证他们的友谊和战斗力。最佳小团体则发喜报给家长。

2. 阶段晒友谊。我不反对同学们抱团取暖，我反对的是抱团对抗有序管理。大家感情好，为什么不支持呢？还可以在班上树立正面榜样。于是，我们晒阶段性的感人事件，激发正能量。

3. 学期晒做法。怎样让小团体成为我想要的小团体，而不是那种组团违纪做坏事的小团体？把正面做法晒出来，引导他们越来越懂得互帮互助。

4. 经常晒思想。我们每周邀请一个小团体，晒他们的宣言，晒他们的宗旨，晒他们的思想和追求，引导每个小团体树立正确的三观。

5.吐槽晒暗黑小团体。我们利用班会课的形式，用表演、辩论的方式，把暗黑小团体的丑陋做法用小品的方式演出来，引导大家就事论事地评价，让暗黑小团体的成员看得心惊肉跳。最有意思的是一个三句半，毕业后大家都记得："平生不做亏心事，半夜不怕鬼敲门。打开电脑看一看，啊视频！"惊悚的语气，夸张的表情，把那些暗黑小团体的嘴脸暴露得淋漓尽致。

绝招：五招瓦解 F4 小团体

刘嘉明老师是我校 00 后班主任，非常优秀，入职第一年就做了班主任。她班上有一个 F4 小团体，刚开始的时候令她非常头大。

这些孩子成绩中等但学习习惯差、自制力差，易受同伴影响；还频繁出现扰乱课堂纪律、下课激烈打闹、饭后相约玩耍错过进班时间等状况。

嘉明仔细研究这个小团体的违纪行为，发现一个规律：他们往往是一个人觉得好玩，有了想法，其他人协同助力，嬉戏中事态扩大，逐渐形成一个违纪事件。每个人在事件中都起到了推波助澜的作用。

处分制裁吗？嘉明也试过。她发现这四个孩子受惩罚之后，小团体反而因刺激、有难同当的感觉，关系更加紧密。他们主打的就是"快乐一起享，有错一起担"。

怎么办？研究呗。把特殊学生作为教育对象研究。研究中，嘉明发现 F4 成员之间的细小区别：1 号成绩最靠前，自傲、心浮气躁，时常成为违纪事件的开端；2 号自制力严重不足、易受带动，常成为违纪事件的推手；3 号想进步、想提升成绩，有情商与一定理智，但因为习惯过差，无法控制自己；4 号有底线、害怕承担违纪后果，但拒绝不了朋友意气。

分析之后，分化瓦解的方案随之出来。

1.个别化帮扶。对于 1 号，从他较为自信的学科如数学、物理入手，在学习上为他找到一个战胜目标，利用他的"自傲"激发其学习动力，转移这个小团体核心人物的关注点。

对于情商高的 3 号同学，则用学期初他自己强烈的进步愿望、在月度学情调研已取得的进步时刻提醒他,将曾经成功的印记烙进他的脑海,让他有意识地去控制自己的个人习惯。

而2号、4号同学,则用经常关注、偶尔提醒、适时敲打的方式,增强他们的自控力。

2. 经常性关注。当他们出现积极行为的时候,嘉明就及时给予鼓励。如他们较长时间没违纪,则给予班级进步之星奖励,或给予挑选同桌、抵消违纪惩罚等奖励,在班级上公开给予表扬。不仅如此,她还请求副班和任课老师一起这样做。大家一起关注他们的进步,一步步强化他们的积极行为,减少违纪犯错等行为。

3. 分梯度处理。如课堂说小话、第一次迟到等两人范围内的小违纪,则给予谈话提醒、口头警告等措施。打闹过度、造成损伤、多次迟到等影响较重的事件,才会采用写书面保证书、告知家长、公益劳动等举措。但是,如果出现打架斗殴、顶撞老师、三周内屡次违纪等严重影响班级秩序、违反校规校纪的事件,就采取约谈家长、上报学校德育处等办法处理了。分梯度处理,目的是培养孩子们的敬畏之心。

4. 空间上隔离。为彻底瓦解他们,嘉明老师发动全班同学主动邀请F4成员加入他们的小组。嘉明给出邀请规则:F4成员一个组最多只能邀请2人参加。从空间上减少他们接触的机会。

5. 正向性引导。嘉明发现F4其实还挺有才的,就邀请他们做班级文化墙。孩子们做的不织布手工文化墙,还真是才气满满。好行为是夸出来的,当孩子的正向需求得到满足之后,他们对那些不良行为也就不屑一顾了。

期末"我们作为研究者分享大会"上,嘉明F4的经验分享受到了大家的普遍好评,我们创新实验学校的公众号上作了详细介绍,我在朋友圈里也转发了,感兴趣的老师可以进一步了解。

2 班级失盗怎么办

> 本周我班接二连三地发生失窃案。昨天男生寝室100元盗窃案还没告破,今天下午一个学生的电子产品又神秘失踪。我调查了好久,也没能找到线索。现在班上人心惶惶,一些学生纷纷要求把贵重物品和钱放我这儿保管。我很着急,班上出现了盗窃事件,我该怎么办呢?
>
> ——云南大理 李晓红

稳招:处理校园失盗问题的五个原则

1. 合法性原则。学生丢钱了,马上把嫌疑对象喊来,勒令人家交代全部经过,一旦遇到抵抗,就抓住嫌疑人不放,甚至整天整夜地审讯。甚至有个别德育政工人员,把嫌疑人抓到办公室,交给护校队员"刑讯逼供"。这些都是违法的做法。

学校不是执法机构,审讯拷问,稍有法律常识的家长就会质问:谁给你审讯未成年人的权利?谁允许你拷问学生的?所以我们的行为一定要合法。

2. 保密性原则。(1)未找到证据之前,不能轻易在班上公开怀疑某学生;(2)在整个调查取证阶段一定要保密,不要轻易伤害学生;(3)即使事实查证清楚了,处理时也要保密。法院对未成年人案件一般都不予以公开审判,更何况我们学校老师呢?

3. 保护性原则。保护什么?保护学生的正当权益不受侵犯,保护未成年人的隐私,保护他们的自尊,保护他们的心理不受伤害——无论是对失主还是对迷途的学生。

不要过分强调小时候行窃的危害,事实上并不是所有偶尔犯错的孩子都会成为坏人。留一个改过的机会给孩子，保护他们的自尊心不受伤害，保护他们受教育的权利不被剥夺，实际上就是给良知一个机会，给社会一份安宁，给家庭一份稳定，给将来一份希望和光明。

4. 及时性原则。校园失盗问题如果不及时处理，那些丢失钱物的孩子心理会不平衡，会产生报复心理，甚至偷窃其他同学的钱物以"挽回"自己的损失，从而扩大不良影响。一旦班级出现失盗现象，我们做班主任的就要采取果断措施，立即消除不良影响。

5. 预防为主原则。要加强学生的思想教育，树立良好的荣辱观，强化安全保护意识，防患于未然。

妙招：教会学生不丢失物品

学生丢了东西，有些能够破案，有些就成了迷。也有学生因为丢三落四而经常性丢东西。因此，面对可能性的失盗现象，我们更需要引导孩子们保护好自己的财务。

1. 养成收纳习惯。孩子丢东西，好些是因为收纳习惯不好，想找的时候就找不到了。开设收纳课，养成好的收纳习惯，遗失现象就会大大减少。

2. 给出要物清单。学生外出参观、游学、体检时，容易丢东西。怎么办？给学生列出要物清单，每人一张纸，把最重要的东西写好。上车前、下车前、转换地方时、就餐等关键环节，看看自己的东西是否携带齐全。

3. 坚持财不露白。低调的奢侈，自己心里知道就行，没有必要把贵重物品、大量钱财等暴露在公共场合。让自己不受伤害的最好办法，就是做好财产保管，做到财不露白。

4. 平息班级猜疑。明确告诉大家，即使班级有偷窃行为，不是人人都会做坏事，不要互相猜疑。信任被伤害，感情就没有了。与其猜疑，不如做好防盗措施。

5. 做好人文关怀。如果谁蒙受了损失，我们可以采取互助资助、按揭的方式提供人文关怀。为什么要按揭？我们借给学生的钱是要还的，有以下目的：一是增强法律意识，二是让其养成保存物品的好习惯，三是也增强失盗者本人的责任意识。

6. 做好硬件监控。市场上有很多监控设备，利用WIFI就能在手机上观看，我们可以在教室、宿舍过道安装这样的监控。也可以利用学校的监考系统和多媒体上的视频功能，把班级置于监控之下。明确告诉学生，到处都有监控，形成威慑作用。

7. 关注重点学生。在些学生自己容易丢三落四，东西放在哪儿记不住，还经常"报案"。对这样的孩子，我们要重点关注，帮助他们固定存放东西，并和家长联动，遇到情况一起帮扶。不要因为他们制造"虚惊一场"的案情。

绝招：火眼金睛，四招破案

1. 察言观色，注意神色异常者。男生213寝室丢了200元现金，据了解，睡觉前钱还在伟的衣服袋子里，第二天起来就没了。可见，是夜间偷盗，而且门窗没有撬开的痕迹，大家睡觉是关了门的。那么，嫌疑人就缩小到本寝室范围了。

我把该寝室男生集合到操场上，以安全教育为出发点，讲新生入校该如何保护自己的私人财产。我边讲边用眼睛密切注视着下面的同学。我发现，从开始集合到讲完话，有个学生的眼神一直游离不定，嘴唇轻微抖动。尤其是我在讲已经初步确定嫌疑对象时，他的眼睛看了我一下，但是很快又离开了，脸上青一阵红一阵。我心里有数了。果然，他很快承认了错误，并把钱退了回来。

2. 对比辨别，留心行为反常者。2002年冬天，语文组刘伟老师的一部价值1800元的手机放在教师办公室里被人拿走了。由于当时老师们都在开会，办公室里空无一人，而且失窃的时间是学校大扫除的时候。送本子、取作业、打扫卫生，进出的学生比较多，一时无法确定嫌疑对象。于是，我们分班到教室里向学生们通报情况。

一般情况下，学生们听到这类事情时，反应都很惊讶、好奇，想知道个究竟，都会盯着老师认真听。前面三个班的学生都是如此，当我们到第四个班的时候，发现有一个学生始终在座位上埋头做作业。职业中学的学生哪有那么多作业要做？他的反常行为引起了我的注意。我记下了他的座位和名字，把他喊过来一谈话，事情就清楚了。

3.冷静思考，注意异常热情者。有一年春天，班上失盗了，各种迹象表明行窃者很有经验，现场的一些蛛丝马迹都被处理得干干净净。我们用了几天时间调查取证，都没有明显突破。就在我们准备打退堂鼓的时候，一个异常的现象闯入我的脑海：从案发到调查，学生会一名干部对此事表现出了高度的热情，他一直帮我们喊人谈话，提供嫌疑对象，每天饭后还有事没事就到办公室里来探听事件进展。作为干部来说，积极配合老师查处此类案件合情合理，但过于热情就值得思考了。

于是，我把疑虑告诉了一起调查的老师。开始他一口反对：不可能！学生会的干部素质高，怎么可能呢？最后，我让他仔细调查一下失盗当天晚上，谁能给那孩子提供他不在现场的证据。结果，马脚很快就露出来了。

4.缜密调查，留心开支突变者。我从教的这么多年里，通过让学生自己写出收入和开支，成功破获了五六起校园失盗案。运用这个方法的要诀是要求学生开列收支清单时要快，不给他思考的余地。如果钱不对数，谁是行窃者就明白了。

3 如何应对校园突发事件

> 校园突发事件的处理是检验一位教师知识水平和综合能力的试金石。有些老师怕出事,一旦出事就惶惶不可终日;一些老师却什么也不怕,无论什么事情到了他们那儿均能得到有效解决。那么,如何让我们在应对校园突发事件时有底气呢?
>
> ——甘肃武威 赵能文

稳招:平时多积累,临阵才不慌

足够的知识积累是我们应对复杂事件的基础,也是我们处理这些事件的底气。那么,我们老师在平时的学习中要积累些什么知识呢?

一是多积累相关科普常识,以准确判断事件的具体情况。在校园突发事件中,流行疾病、食品中毒、突发伤病是最常见的。掌握这些事件的相关知识,有助于我们对事件有一个准确判断。某一年陕西省榆林地区榆阳区鱼河镇中心小学部分学生饮用统一配送的牛奶之后,251名学生发生细菌性食物中毒。事件发生后,从学校到班主任,马上采取了一系列正确的救治措施:一是催吐,让学生用硬羽毛、匙柄、圆筷子头、手指等刺激咽喉,把吃进去的东西呕吐出来;二是及时补充盐水,这样避免了腹泻的孩子脱水;三是将有明显反应的孩子及时送往医院救治。正是这些有条不紊的措施,把伤害降到了最低,赢得了社会和媒体的普遍理解。

二是积累相关法律知识,以便规范自己的行为。有些老师遇到班级发生突发事件后惶惶不安,甚至还担心因此丢掉工作。如果我们熟悉相关法律知识,在面对突发事件时,就会规范自己的行为,让别人无从挑剔。

三是了解复杂事件的处理程序，确保临场不乱。我曾专门就学生暴力伤害事件向律师、公安干警请教，假如自己班发生了类似的事情该怎么办。他们明确告诉我：（1）迅速组织救治，就近不就远；（2）及时报告并通知监护人，隐瞒不报是要追究责任的；（3）采取措施保护好事故现场和相关证据；（4）积极协商和调解。在协商的时候一定要有耐心、细心、小心、有诚心和无畏之心，这"五心"很重要，因为受害者的法律认识水平不一致、素质不一致，处理事故时往往比较冲动，我们要用这"五心"来化解。

我们老师平时多积累，处理突发事件自然就会游刃有余。

妙招：镇定源于有把握

应对校园突发事件，关键是平时我们要多准备、多演练，凡事有把握，我们临场才不会胆怯，才会指挥若定。

一是编制突发事件应急预案，平时加强演练。汶川地震时，学校师生伤亡惨重。日本"3·11"9级地震，学校师生伤亡却很少，整个社会救治秩序井然。我们在很多新闻图片上看到，日本地震过后，超市通道没有一个人在中间停留，所有人都规矩地列队坐在两边休息；发放食品的操场上，所有人员都排好队，没有一个人插队，也没有人停留……这些细节不得不让我们敬佩。这就是平时进行演练的结果。

二是日常教育中注意安全细节，加强学生安全保障。我曾经对学生们说，如果你们一定要离家出走，那么，请你们离家出走前作好下列准备：准备好足够的食物和现金；准备好必要的防寒防暑药品、必要的跌打损伤药品和必要的联系工具；出门在外不要轻易接受陌生人的邀请；不住非法宾馆，不要答应和人合宿；不要暴露现金；不要随意搭乘别人的便车，以免遭受抢劫；不要贪吃便宜的饭菜；不要在阴暗无光的地方过多地停留，不要在过于偏僻的地方住宿；务必和我们保持着通信联系。

三是把握突发事件处置的基本程序，理清重点。突发事件处理的一个基本工作程序是"一控制二急救三处置四上报"，无论发生什么突发事件，都应该这么做。此外，我们还要记住几个"第一"：稳控第一，面子第二；救治第一，教育第二；疏散第一，调停第二；报告第一，调查第二。抓住这几个"第一"，再复杂的问题在你手中也会化繁为简。

四是要加强处置演练，把救治和逃生训练成生命本能。我把地震逃生、火灾逃生、防踩踏事件逃生与防爆恐逃生救助的技能编成技巧手册，平时出操时、聚会时按逃生要求去做。我对孩子们讲的最多的一句话，就是"当救助和逃生成为本能，身体自然反应能在危机时帮到我们"。

绝招：会做人才能巧善后

处理突发事件最后需要善后，巧妙善后可以把突发事件的不良影响降到最低。在善后中，老师们要做到以下几点。

一是明确自己的角色定位，处事说话不越位。千万别大包大揽，最后把自己弄得很被动。在善后处理中，班主任的角色就是调解员。我们处理这事的原则就是依法、客观、公正、合情合理。如果矛盾双方意见一致，能够调解好，我们应该尽职尽责。如果调解不好，我们应该坦白地告诉家长，他们还可以通过司法途径解决。

二是为人要刚柔相济，灵活处理事情。无论学校是否有责任，对受伤害学生及家长，首先应表现出应有的关切和同情，千万不要得理不饶人。家长们在处理意外伤害事故时往往比较冲动，提出的要求可能不现实，我们要心态平和、说话贴心、耐心倾听、细心解释，讲话更要小心，把事实和法律的规定给受害人及其监护人讲清、讲透。但是，在交代政策、表达立场的时候不能含糊，对家长的一些不合理要求，要坚决拒绝。

三是注意情、理、法相结合来解决问题。举个例子，两个学生在学校嬉戏，有一方受了点小伤。但肇事者家长缺乏担责的勇气，拿不出一个有效的担责方案。而受害者家长则是责任分辨不清，把状子投到法院。法院判决肇事方负主责，受害方自己也承担一定的责任，双方家长都想不通，拒绝执行。最后，班主任从情、理、法三个角度做思想工作，他明确告诉肇事方家长：要主动探视伤者，真诚地表达自己的歉意和关心；要主动承担责任，获得对方的谅解；解释家庭困境，争取理解和同情。对受害者家长，班主任明确指出：家长可以用法律维护自己的权益，但他很可能赢了官司，却输了老师和同学的亲近，这对孩子的教育不利。不如多一些宽容和理解，这样利益一样有保障，还能让孩子们的友谊延续，一举两得！结果，事件得到比较完美的解决。

四是尽量投保，确保各方利益。遇到一些大家都没有过错的校园伤害案，如体育活动中的意外伤害，该怎么保障受伤学生的利益呢？答案只有一个——参加保险，学校要参保，学生也要参保。这样发生了意外伤害事故，受害者才能够得到合理的赔偿。

4 学生被敲诈勒索怎么办

> 有学生悄悄告诉我：班上又有同学向蒙蒙要钱了。我大吃一惊，马上把蒙蒙找来。开始他不肯说，在我的耐心引导下，他列出向他要钱的同学的清单，居然有近20人！我当即表示帮他追回来。谁知蒙蒙却哀求道："老师您不要查了，好吗？""为什么？""我怕……"孩子小小年纪，就开始敲诈同学，遇到这样的情况，该怎么办呢？
>
> ——福建漳州　刘珊红

稳招：如何避免被敲诈

这是我在2004年12月7日给孩子的日记里，教会孩子如何避免被敲诈勒索的一些做法，收录进《呵护心灵：写给孩子的成长日记》（湖南师范大学出版社2007年出版）一书里。这里把主要做法简述如下。

1. 穿着低调。穿得很奢华，容易带来危险。
2. 尽量只在校内或校外人多的商店里购买东西。
3. 最好找几个好朋友一起购物，别人就不敢乱来了。
4. 发现可能性苗头，提前跑；不要等到他们逮住了你，跑不掉的时候才想到如何保护自己。
5. 人多的时候，或者你看见有学校老师在附近的时候，大声地呼救。
6. 确实无法逃避，也不可抵抗，那就先顺从他们，不要和他们做无谓的斗争。
7. 争取最早的、最好的时机，赶紧离开他们。
8. 安全之后，第一时间报警。找老师、找家长都行。

9.事后不要姑息他们，通过权威机构解决问题，是一劳永逸的办法，也是避免被打击报复的最好办法。

总之，一个基本原则是：危险时不对抗，安全时不妥协。

妙招："六个一"让孩子巧妙应对被敲诈

1.坚持一个宗旨——安全。记住两句古训："钱财乃身外之物""留得青山在，不愁没柴烧"。当面对不可抵抗的敲诈勒索时，疏财保全自己是第一要务。

2.做好一项评估——判断。理性地评估和判断。如果可以采用正当防卫手段保护好自己，那就旗帜鲜明地反对，并且毫不犹豫地采取反制措施，事后立即向学校和派出所报告。

3.采用一点智谋——拖延。当遇到不可抵抗的敲诈时，可以假装掏空口袋，告诉对方："我身上确实没有钱，要不，我让父母、叔叔阿姨送钱过来？"当他们确信你身上没有钱的时候，也就不会浪费时间。

4.学会一个技巧——示弱。既然已经决定花钱消灾了，那就彻底一点，语言、态度上装作害怕的样子，配合他们。千万不要说什么硬话、威胁震慑的话，那样会激化矛盾。"什么也没有发生"，是让敲诈者放松警惕的好办法。

5.履行一个行动——离开。尽快在第一时间离开危险的地方，是自我保护的上策。古人说"三十六计走为上计"，也就是尽量避免无谓的继续伤害。

6.寻找一个帮助——借力。当你无法离开，或暂时不能够脱身的时候，要注意利用身边经过的成年人，务必想办法引起他们的注意，让他们帮助你，带你离开。比如说故意认错人："三叔，没想到你也在这里，帮我拿一下书包，我脚痛。"

绝招：断绝念想是防止报复的最好办法

孩子们被敲诈勒索之后，最担心的是什么？报复！最害怕的是什么？挨打受辱，这是人的本能。最丢脸的是什么？被人知道。毕竟没有人想被人知道自己无能，保护不了自己的财产。

我们要消除孩子们的这些后顾之忧，孩子们才能够安心学习和生活。而解决后顾之忧的最好办法，就是断绝敲诈勒索者的后续任何念想，给孩子一个真正安全的空间。为此，我们要：

1. 做孩子们的保护伞。明确告诉任何一个孩子，在你这里是最安全的，不用怕，有你在，谁也欺负不了他们。这样，他们才有底气举报。

2. 做受害人的安抚者。尤其是让被欺负的学生明白，被敲诈勒索，不是他们弱，是对方太无耻；不是他们不行，是恶人组团。这都不是我们的错。正确归因，避免孩子自怨自艾。

3. 做勒索者的终结者。不管是外班，还是我们班内的，一旦我知道或者发现有谁敲诈勒索我们班孩子，或者欺负我们班孩子，我一定暴跳如雷，气势上镇住他们。然后采取一切可行的办法，包括和对方班主任协同，让他们家长一分不少地退赔，包括让学校用最高的惩戒措施对待他们，或者让派出所干警参与处理。

总之，一句话，我要让敲诈勒索者或欺负我们班同学的人看见我的背影都害怕。当我们这样做的时候，班里的孩子特别有安全感。

4. 培养有底气的自保人。我告诉孩子们一个非常朴素，但是颠扑不破的道理——任何私下调解，都无法杜绝打击报复的现象。唯有交给权威部门作出最终决定，才是一劳永逸的好办法。因此，遭受勒索或者被欺负之后，一定不要私自妥协。我们的妥协只会换来变本加厉的迫害。因为当勒索者在我们这里安全无事地弄到钱之后，他们下次还会这样，人的欲望是填不满的。只有一次性地被火炉烫伤了，他们才会终止。这是火炉法则。

因此，我们班同学时刻要记住一点——谁向我们班伸手，我们班就要打痛他们。这是终结伤害的最好办法，我教书 30 年的经历可验证。我们说得越肯定，孩子们越相信。我们这事儿做得越彻底，孩子们在敲诈勒索者面前越有底气，他们才会越安全。

5 学生离家（校）出走怎么办

> 我发现现在的学生动不动就离家出走，甚至十天半个月不回家，很令人担忧。当学生离家出走时，我们该怎么办呢？
>
> ——江西赣州　曾春晖

稳招：尽量想办法把孩子拖住

离家出走风险很大，我、学生和家长们形成一个三方约定："无论怎样，都要把问题处理在家门之内。"

实在不行，孩子要离家出走了，请他们在离家出走之前做好四件事情。

1. 给自己最好的同学或老师发条信息，告知他们你的决定。一是给烦恼找一个出口，二是给自己的决策找人验证。"成大事业者，在作重大决策之前至少要询问三个不同的人。"

2. 试着和父母做最后一次沟通。"我们真不想离家出走，我们能不能互相退一步？"双方尽量寻求一致。

3. 收拾好要携带的物品和药物，确保自己在外面不被伤害。

4. 设置一个紧急联系人，以便在最需要的时候，能够找到人。

对学生家长呢？我要求他们做好三件事。

1. 停止说气话或者其他伤害孩子的话。好些孩子离家出走，都是被父母逼的。"有种你就别回来！"青春期的孩子血气方刚，他们还真受不了这句话。

2. 关键时刻学会叫停。当我们感知孩子情绪不对，或者事件已经有失控风险时，要学会及时叫停，不要让事件变得不可控制。

3. 主动和孩子说："我理解你的心情，我们执行三'十'决定吧。"我教给家长和孩子一个"三'十'决定工具"——遇到重大事情，需要决策时，请"先冷静思考十分钟，用正反两种思维提出五种以上建议"，这是第一个"十"。如果不是特别的紧急事件，"十个小时之后再将你的想法付诸行动"，这是第二个"十"。第三个"十"，就是作出决定并执行"十天"之后，再回头看，看看当初的决定是否正确，是否还有更好的做法。

真正落实三"十"工具，很多孩子就不会离家出走了。

妙招：给出走建立一个中转站

"郑老师，亚静要离家出走，您快帮帮我吧。"晚上11点了，一个学生家长还火急火燎地打电话给我。

"发生什么事情了吗？"我问。

"就是今天数落了她几句。"亚静妈妈说，"我已经道过歉了，可是，孩子还是很激动，不想留在家里。"

我叹了口气。妈妈不改变，家庭总是生事。亚静妈妈是典型的刀子嘴豆腐心，望女成龙心切，对亚静确实多了一些数落。好些家长问我：为什么孩子现在不跟我们说话了？我说："你们每天和孩子说话，都要数落孩子几句，孩子怎么愿意和你们说话呢？"

这次月考，亚静理综成绩下滑了。理综对部分女生而言，天生就是噩梦。估计成绩出来之后，亚静妈妈没说几句好话。我说："您把电话给亚静，然后您出去，不要待在房子里，让亚静和我说几句吧。"

她妈妈答应了。我问亚静："发生了什么事情？"

亚静那边就是不说话。等了好一会儿，她哽咽着说："我就想离开这个家，我在这个家里再也不想待了。我做什么都不被认可，我付出多少努力都没有用，我还不如她同事的女儿。她喜欢别人女儿，干脆让别人的女儿到她家来好了。我不想待了。"

"好吧，我支持你。"我对亚静说，"你把行李收拾好，20分钟内我和李老师来接你。你先到我们家打个前站。"李老师是我爱人，接女生的事情她必须经手和参与，这样对孩子、对家长来说，都很放心。

孩子同意了，这是我和孩子们的约定。谁在家里和爸爸妈妈闹崩了，想离家出走了，正式作决定之前，先到我们家中转一下。或者到同学家里去住上两三天，再作决定。但是去同学家，需要经过我确认。这样，让孩子们"先体验一把离家出走的感觉"。

中转期间，他们可以不接父母的电话，可以不回去，就好像真的"失踪"了一样。让父母也体验一下失去孩子的感觉。我呢，也和李老师一起，给他们制造各种考验，让他们体验一下离家出走的不方便，然后再帮助他们作决策。

这些年来，先后有七八个孩子在我们家中转。但是，从来没有哪个孩子真的离家出走过。

绝招：给孩子一个体验梦想的机会

青春期的孩子充满幻想，他们不满足于平静的家庭生活，对一些叛逆的行为，如和父母争吵、与老师赌气、离家出走等，有着很强的模仿欲望。即使是一些很胆小的孩子，有时与父母沟通不顺，也会在心里幻想离家出走的情景，看看家里人究竟担不担心他们、重不重视他们……与其说他们渴望独立，还不如说是他们在进行一种人生尝试。

因此，对学生离家出走，我个人的意见是要理解和疏导。给他们一个实现梦想的机会，梦醒之后，他们自然知道该怎么生活。

为了让他们体验出走的艰难，我在班上特意组织安排这方面的主题班会，给他们一些钱，让他们在外面生活一天，借此体验离家的艰难。好些孩子体验之后，告诉我还是在家好。这样的孩子，一般是不会轻易离家出走的。

有孩子还想出走，我就告诉他们在外必须注意的一些安全知识，如不要轻信车站旁的"好人"，他们往往是想谋人钱财；不要轻易相信黑工厂，好些孩子在里面不是打工，而是卖血；不要住那些小旅社，他们多半会宰客；晚上 10 点半之后不要在街头逗留，容易给坏人制造机会……

我告诉他们，随身准备一些急救药品，如藿香正气水、创可贴，意外的时候往往能够用得着。尤其重要的是，我对他们说：孩子都是父母的心头肉，孩子出走在外，父母没有一个安宁的。我还告诉他们，如果真的离家出走了，告诉我一个联系电话，或者记住我的电话号码，关键的时候，我能够提供帮助。

孩子们觉得很有趣，别的老师和家长坚决不允许学生离家出走，我不仅允许，而且还把这些知识告诉他们，真是一位善解人意的好老师。一旦他们觉得你是他们的知音，他们就会把很多小秘密主动告诉你，这样就能把孩子离家出走的想法消灭在萌芽阶段。

明白了道理，做事就不会糊涂。所以，在我的班上，很少有孩子离家出走。因为他们知道，这个游戏不好玩。

6 学生发生了群体性冲突怎么办

> 上周三,一年级的两个男生为打开水发生小冲突,因为两句话不合,两人就打了起来。旁边的老乡一看:"呀,欺负我们的人了!"一声吆喝,立马就有人加入战斗。结果,居然引发了两个班共 34 名学生参与的群体性冲突,真让人伤脑筋。请问,当学生发生群体性冲突时,我们该如何处理呢?
>
> ——湖北 王江平

稳招:学生冲突处理的六个要点

1. 畅通信息渠道。要让学生明白,老师是他们强大的后盾,有问题首先要想到找老师。

2. 及时到场处置。发现越早,处理越及时越好。现场处置重点是止损,强制分开、隔离,避免事态扩大。

3. "擒贼先擒王",果断处置。抓住"领头"闹事的学生往往能够很快平息群体冲突。

4. 让当事人"四思"。一思有哪些地方做得不对;二思有没有更好的办法避免冲突;三思给班级、老师、同学和自己带来了哪些负面影响;四思如何善后。

5. 完善申诉程序。让他们详细地说出或写出他们的要求与期待、委屈与困惑,这有利于事件的处理。

6. 防止冲突反弹。尽可能采取补救措施,消除双方情感上的隔阂,逐步互相了解、互相信任,最终让两方和好如初。

妙招：帮学生计算打架成本

打赢坐牢，身心痛；打输住院，皮肉痛。动手之前，先看看派出所给大家准备的套餐。

1. 基础套餐。校内：处分＋检讨＋家长赔礼道歉＋心情郁闷＋对方无休止的报复＋经常担心落单被打。司法：一旦打架留下案底，当兵政审不通过＋工作重要岗位政审影响＋国企招工不通过＋民事责任费用（含医疗费、误工费、律师费、诉讼费）。

2. 造成轻微伤套餐。5至15日行政拘留＋500~1000元罚款＋医药费、误工费等赔偿＋因拘留少挣的工资。

3. 造成轻伤套餐。3年以下有期徒刑、拘役或管制＋赔偿金＋开除公职＋医疗费、误工费等赔偿＋因羁押少挣的工资＋社会及家庭影响。

4. 造成重伤或死亡套餐。3年以上10年以下有期徒刑、无期徒刑或死刑＋经济赔偿＋社会及家庭严重影响。

划重点：忍一时风平浪静，退一步海阔天空。好好干饭，不要干架，精美白金手镯（手铐）不适合大家。

绝招：一次群体冲突的完美落幕

一、风云突起，沉着应对

正准备午睡，门砰地被推开了。羊维生一头撞进来："老师，不好了！我们班同学和153班同学打起来了！"

"在哪里？"

"男生寝室……"

我提醒自己要冷静，想了一下，随手抓起桌上的一只小喇叭，和羊维生一起向男生寝室跑去。我边跑边问情况：参加人员有多少？原因是什么？……

二、冲突现场，紧急喝止

我赶到学生宿舍楼下时，双方还没停战，走廊里围满了看热闹的学生。我边跑边通过喇叭大声喊道："打架的同学，马上停下来！打架的同学，我要求你们立刻停止！"

听到喊声，两班学生阵营马上分开了，局面得到控制。但突然间，153班一名穿着红色T恤衫的男生从寝室里冲出来，一副气势汹汹的样子。见状，我当即指着那名学生厉声喝道："153班穿红衣服的同学，你给我站住！"尽管我不知道该生的名字，但是我点出了他衣服的特征，那孩子一怔，不敢轻举妄动了。喊话后，为了不引起153班同学的误会，我又大声命令自己班的学生："169班所有同学，全部退回到寝室里去！其他同学，请尽快散开！"

两个班的孩子先后回到了自己的宿舍内。

三、应急疏散，救治为先

我疏散其他围观的学生后，吩咐两班学生，凡是受伤的同学，都由班长带领，尽快去医院查看伤势，尽快诊治。请学生自己先垫钱。我还和学校保卫处的老师联系，请他们安排人员陪同。同时严令所有学生，在这之后不得与对方班级同学发生冲突。

四、调查原因，力求客观

我请两个班没有参与打架的学生简要汇报事情的来龙去脉，因为他们相对比较客观。很快事情就清楚了：我班寝室前有一个水龙头，大家都在那里洗碗，乱倒剩饭剩菜，影响到卫生检查成绩。我班学生在水龙头边挂了张"请勿乱倒饭菜"的提示，还当场逮住153班乱倒饭菜的一名学生，谁知言语不合，引发了两个班级的冲突。

询问中，我没作任何表态，也没说谁是谁非。因为如果我稍微流露出对本班学生的袒护，就可能引起153班学生的不满。这时，153班班主任也来了，我把现场处置情况简要地跟他说了一下。他当场对自己的学生表态：到目前为止，169班班主任对整个事件的处理很正确。两个班主任一致的表态，让学生无话可说。

五、讨论公平，疏通情绪

经学校保卫处调解，两班各有几人轻微受伤，责任平分，双方各自负担医疗费，所有参与打群架的学生都要写一份检讨书。

对于这个处理结果，两个班的学生都不服气，纷纷抱怨自己的班主任，没有给学生争面子。为此，我和153班班主任张老师分别在两个班做了一次公开讲话。

我首先问学生："要如何做才公平？"他们有的说应该由153班负责全部医疗费，还要到我们班来道歉，因为主要责任在他们。

我告诉他们："刚才我到153班讲话，他们也说学校袒护169班，即使他们有责任，也是很小的……你们看，几乎每个同学都是站在自己的角度想问题。"

我接着说："处理矛盾纠纷，是没有绝对公平的，只要事后双方都感到满意，这就公平了。如果一方占尽面子，那么另外一方肯定不满意，他们以后还会想办法扳平，到那时事情就永远不会了结。"孩子们接受了我的意见。

六、后续教育，重在修好

最后，我和学生们讨论以后该怎样处理两个班级的关系问题。

我给他们讲了一个发生在养羊的牧场主与养猎狗的猎户邻居之间的故事。故事的核心是法官的调解，使牧场主明白了宁愿同朋友做邻居也不能同敌人做邻居。最后，经过双方的努力，不但牧场主的羊没有再受到伤害，两户人家还成了好朋友。

故事讲完后，同学们都陷入了沉思。我启发他们："现在你们知道该怎么做了吗？"

"买一只装垃圾的塑料桶，放到他们寝室外边，告诉他们剩饭菜就倒在那儿好了。"

"对！你们什么时候去送呢？谁去送呢？"

"这件事情是我引起的,由我去送。"彭鹏飞说。我表扬他勇气可嘉。于是当天下午,下巴边贴着胶布的彭鹏飞把塑料桶送到了153班寝室,并对人家真诚地说了句"对不起"。

这下,153班的学生反而不好意思了。为了和解,他们班参与打架的学生,一起凑钱买了苹果到我们班慰问。

一场班级矛盾冲突就这样完美落幕了。

7 孩子早恋该怎么办

> 现在孩子的早恋现象越来越严重，好些孩子公开出双入对，并引以为豪。没有"恋人"的则自惭形秽，认为自己很没有能耐。面对孩子早恋，我们究竟该怎么办呢？
>
> ——网友 月影

● 稳招：尊重为主，疏导次之

1. 恋爱是学生的隐私，家长、教师要宽容和理解，不能随便公开批评。过于严厉并不好，往往会造成事态恶化。

2. 尊重为主，疏导次之。每朵花都需要静静开放，告诉孩子最好将感情埋藏在心底，等大家都学有所成了，缘分会让他们走到一起的。

3. 明确告诉他们：禁止早恋是关爱女孩的表现，过早地恋爱和同居，受伤害的往往是女孩子。

4. 学会帮孩子分担早恋的痛苦。早恋的学生有时内心十分痛苦，很需要有人"扶一把"。

5. 告诉孩子学会拒绝。尤其是告诉女孩子要和男孩子保持正常的交往。告诉她们：学会拒绝是对双方负责。

6. 要善于抓住关键时机。教师要及时地给予关心、鼓励、引导，在情感沟通的基础上，促使他们"情感迁移"。

● 妙招：名家这样说和做

苏霍姆林斯基——

友谊是高尚爱情的学校。在青少年时期没有学会与人结成真挚友谊的人，没有在同有着相同观点和信念的挚友进行精神交往中，感受到巨大幸福的人，也不会感受到爱情的巨大幸福。

马卡连柯——

爱情不能单纯地从动物的性的吸引力培养出来。爱情的"爱"的力量只能在人类的非性欲的爱情素养中存在。一个青年人如果不爱他的父母、同志和朋友，他就永远不会爱他所选来做他妻子的那个女人，他的非性欲的爱情范围愈广，他的性爱也就愈为高尚。

魏书生——

这个问题确实挺难回答的。学生中的早恋现象比较普遍，我是分两种情况对待的：对于学习成绩差的，让他们参加长跑，用各类活动分散他们的注意力。对于成绩好的，不点破，让他们互相帮助、互相勉励、共同进步。我的学生中就有好几对后来结合了，现在生活得相当幸福美满。

李镇西——

一次，我在听李镇西老师的讲座时，他提出了一个问题："看到一对学生在校园里有亲热的行为，你们觉得该怎么做？"很多老师说要立即制止，影响太坏了，要家长把他们带回家，最好不要再来了。结果李镇西老师的回答出乎我们所有人的意料，他说："如果是我，我就当作没有看见。最好趁他们没有发现就悄悄地离开。"

绝招：建立体验式爱情教育课程

怎样让学生正确对待爱情呢？我们建立了一系列体验式爱情教育课程。

一、暗恋课程：校园爱情的 N 种结局

孩子说，我确实很喜欢那个人，说还是不说？怎样避免终身遗憾？我让同学们自己写剧本，编导一部小电影《当夏遇上末》。他们设计了暗恋的 13 种可能结局：有父母老师反对的见光死，有升学之后的异地恋，有第三者插足的情感纠纷，有学业影响的被迫分手，还有遇上霸道总裁……

他们最后得出的结论很重要："保持暗恋美好，成长节节拔高。""恋爱太贵，暗恋免费。""让暗恋原地等待，让成长春暖花开。"

他们也积累了很多关于早恋的警句："几百页聊天记录比不上两张同样的录取通知书，多少狂热的爱情最后葬送在异地恋的无奈里。""如果您没有本事带着对方往更好的方向发展，就请收好你所谓的爱和喜欢，别出来害人。""如果不能够一起进步，烦请您别拉着别人往下滑，尤其是对方还在为梦想努力的时候。"

二、初恋课程：色彩反应体验爱情

人一辈子谈多少次恋爱为好？怎样避免被情所伤？"色彩反应读懂爱情百味"很有效果。

我从文具店购买各种颜色的颜料，全班同学每人准备一个透明矿泉水瓶，装好一瓶水。大家把自己向往的爱情，选一种心仪的颜色去代表它。如白色象征纯洁、红色代表热烈、紫色代表高洁、蓝色代表明快、粉色代表浪漫……融进矿泉水里。

教给孩子们恋爱公式："爱不是简单的 1+1=2，或者 1+1=1，而是深度融合。"请大家把自己向往的爱情颜色和遇到的爱人颜色深度融合，看看结果如何。他们发现，两种颜料混合之后，有颜色更为鲜艳的，"那是人生赢家"；有颜色还能够接受的，"那是激情变成亲情""好多就是凑合"；有颜色比较灰的，说明"婚姻是爱情的坟墓"……

一些孩子不相信自己会失败，"有一种爱的不死鸟，一生总在谈很多次爱情"。最后，他们惊讶地发现：自己瓶中的水几乎成了黑色的了。这是为什么呢？居然有学生说："我明白了，这就是人们常说的，爱有多销魂，就会有多伤人。""总在不正确的时间遇到不正确的人，最后，我们都变成了一个个没有爱的能力的人。"

这个系列班会课，让学生学会呵护心中的美好，在正确的时间谈一场正确的恋爱。

三、热恋课程：双盲测试检测爱的能力

设计思路借鉴苏格拉底选麦穗。让 8 名义工在教室外面排成纵队，每人

双手靠后，手中有一朵主持人随机发放的鲜花。谁都不知道自己手中的花是大是小，无法暗示别人。找对象的同学从前朝后走一个单程，把自己认为最大的鲜花挑选出来。不允许回头，因为生命只有一次，我们不可能重复来过。

这个游戏不管做多少回，甚至重新来过，选到心仪鲜花的孩子都不多。这个活动教会孩子，要想获得理想的爱情，首先得把自己培养优秀，才有能力、有方法、有机会遇到更好的人。

游戏让孩子们有了很多感悟。"人生才刚开始，不要急着恋爱。""过早恋爱最大的遗憾，就是今后遇到更合适的人时，你身边已经有一个人占了位置了……"

四、失恋课程：我们要学会爱自己

这是爱情体验课程的最后一个系列：如何面对失恋。一个典型活动，就是先把爱情中最美好的东西写下来，用加法。能够想到多少就写多少。然后，我们乘上人生之舟在命运的大海上航行，遭遇了风暴，我们不得不抛下一些东西，以确保船能顺利抵达彼岸。

这时候我们会遭遇三观不合、前途问题、学业问题、家庭背景差异、文化差异……甚至一些偶然因素，让我们不得不丢掉一些东西。当彻底走不下去的时候，失恋的时候，我们该怎么办？

这个体验课程，让孩子收获很多。一些孩子说："爱和身体一样，如果总是痛，说明爱病了，需要诊治，或者换人。""爱的经历越简单，越受人欢迎。如果我们太早恋爱，我们损失的是什么？是寻找最理想爱人的机会。""呵护爱的初心，有一天当你遇到那个愿意和你结婚的人，你已经伤得千疮百孔了，到时候你是否还有能力去爱一个人？"

孩子们得出好多呵护爱情的铁律，包括约法三章，包括中学一二年级原则上不恋爱，升学季不允许分手等。

好多人问我，为什么要这样做？我回答：我只想降低孩子的生命成本，当遇到最好的那个人时，他们还会相信爱情，还有能力去投入地爱一个人。